KB023908

들꽃, 공단에 피다

들꽃,
———
공단에 피다

세상을 바꾸는 투쟁, 아사히 비정규직지회 이야기

아사히 비정규직지회 지음

한티재

책을 내면서

들꽃은 뜨거운 태양과 모진 비바람을 홀로 맞으며 핍니다. 들꽃은 꾸밈없는 그 모습만으로도 아름답지만, 이름이 있어도 그 이름으로 불리지 못합니다.

우리 사회의 비정규직은 발에 차일 정도로 널려 있는, 쉽게 밟히고 쉽게 꺾이는 들꽃이 아닐까 생각해 봅니다. 기간제, 파견, 하청, 특수고용, 계약직 등 다양한 이름으로 불리지만 정작 자신의 이름으로 불리지 못하는 비정규직 노동자는 들꽃 같은 존재입니다.

2015년 5월 29일, 아사히 비정규직 노동자들이 구미공단의 단단한 시멘트 바닥을 뚫고 새싹을 피워 올렸습니다. 싹이 나오자마자 노동조합을 인정하기 싫은 자본은 무참히 짓밟았습니다. 구미공단 최초의 비정규직 노동조합은 다행히 꺾이지 않고 질기게 살아남았습니다.

2년간의 투쟁을 책으로 담자는 얘기가 나왔습니다. 아사히 투쟁 2주년에 맞춰서 책을 내기로 했습니다. 연매출 1조 기업 아사히글라스에서 비정규직에게 주어진 점심시간은 20분이었습니다. 20분 만에 밥을 먹고, 화장실을 가고, 담배도 피워야 하는 반인권적인 대우를 받으며 일해야 했던 공장의 이야기가 담겨 있습니다. 쓰다 버리는 일회용품 취급을 받던 비정규직 노동자들이 힘을 모아 노동조합을 만들었지만 도리어 해고되는 현실, 법은 있으나마나한 현실, '노동3권'이 전혀 보장되지 않는 현실을 담았습니다.

구미공단에서 아사히 투쟁이 갖는 의미도 담겨 있습니다. 지역에서 노동조합이 자신의 사업장 담장을 넘어 어떤 투쟁의 길을 선택해야 하는지 보여주고 있습니다. 지역을 넘어 공동투쟁을 하면서 느낀 고민도 담겨 있습니다. 자본의 질서에 편입된 노동조합운동이 다시 살아나는 방법이 무엇인지 여전히 고민입니다. 비정규직 노동자들이 쓴 이 책을 통해 우리가 어떤 정신으로 싸워야 하는지, 어떤 길이 무너진 노동조합운동을 다시 살리는 길인지 함께 고민해 나가면 좋겠습니다.

책을 내자고 할 때 "이게 될까?" 의구심을 가졌습니다. 글을 써본 적도 없는 비정규직 노동자들이 투쟁을 하면서 겪은 자신의 얘기를 쓸 수 있을지 걱정이 되었습니다. 신기하게도 조합원들은 솔직하고 담백하게 자신의 얘기를 담아냈습니다. 한 사람, 한 사람의 글을 읽을 때마다 눈물이 났습니다. 가정에서 겪고 있는 어려움과 투쟁을 하면서 느끼는 조합원들의 심정을 알게 되었습니다.

처음 노동조합을 경험한 비정규직 노동자들이 스스로 책을 내는 것은 가슴 벅찬 일입니다. 이 책이 끝나지 않은 우리의 투쟁에 힘이 되고, 전국에 넘쳐나는 미조직 비정규직 노동자들에게 씨앗이 되기를 바랍니다. 책이 나오면 우리의 투쟁은 새로운 결의로 다시 시작할 겁니다. 비정규직 철폐, 정리해고 철폐, 노동3권이 온전히 보장되는 세상은 우리의 투쟁에 달려 있습니다.

아사히 투쟁은 연대의 힘이 없었으면 여기까지 달려오지 못했을 겁니다. 온 마음으로 함께 아파하며 연대해 주신 모든 분들께 감사의 인사를 드립니다.

2017년 봄

아사히 비정규직지회 지회장 차헌호

ⓒ영경귀

2015년 5월 29일,
구미공단에서 처음 비정규직 노동조합을 만들다

비정규직 노동자 16명에 대한 권고사직 강요를 계기로
노동조합을 만드는 작업이 본격적으로 진행됐다.
2015년 5월 29일, KEC 지회 김성훈 지회장과 차헌호 지회장이
이삼 일은 걸린다던 노조설립필증을 구미시청에 가서 그날로 받아왔다.
빨리 내놓으라고 김성훈 지회장이 구미시청에 드러누운 덕분에,
회사가 알고 조치를 취하기 전에 받아낼 수 있었다.

원청에도 없는 노동조합을 하청 비정규직이 만들 수 있을까?
우리 스스로도 의심했던 일이 현실이 되었다.

노동조합이 만들어진 지 2주 만에
138명 가입

20분 만에 점심 도시락을 먹어야 했던 식당이자 휴게실,
일하는 우리를 감시하고 갈구던 시내하청업체 관리자들이 있는
GTS 사무실 바로 옆에서 우리는 보란 듯이 모여 구호를 외쳤다.
"민주노조 사수하여 인간답게 살아보자!"

회사가 일방적으로 진행하던 조회를 거부하고
우리들만의 이야기를 공유하는 조회를 시작했다.
노예처럼 일하던 공간이 '현장'으로 바뀌었다.
우리는 공장에서 처음으로 해방감을 느꼈다.

© 엉겅퀴

2015년 6월 30일,
9년 만의 첫 휴무일 공지
그리고 170명에게 전달된 해고 문자

2015년 6월 30일, 입사 후 처음으로 전체 휴무가 공지됐다.
노동조합을 만든 지 꼭 한 달이기도 한 날,
조합원들의 휴대폰에는 GTS에서 보낸 문자가 도착했다.

"금일 AFK로부터 도급계약 해지통보서를 받았습니다. (⋯)
금일 오후반 출근조부터 정문출입을 제지한다는 통보도 받았습니다."

해고 통보였다.
어제까지 내 일터였던 공장이 들어갈 수 없는 곳이 되었다.

공장에서 쫓겨나
거리에서 맞은 2015년 여름

8월 뙤약볕 아래
'아사히글라스 대량해고 사태 해결을 위한 범시민서명운동'을
시작했다.
9년을 최저임금 받으며 일했는데
하루아침에 문자 한 통으로 쫓겨난 우리의 사연을 알려야 했다.
억울하고 절박한 마음으로 나섰지만, 입이 쉽게 떨어지지 않았다.

하지만 많은 시민들이 우리 사연에 귀 기울이고 호응해 줬다.
40만 명의 구미 시민 중 3만 4천 명,
한 사람 한 사람 만나 서명을 받는 동안,
해고로 받은 상처와 위축된 마음에 조금씩 자신감이 깃들었다.

ⓒ 장영식

2015년 9월 5일,
노동조합 설립 100일날
전국의 사내하청노동조합 동지들과 함께

노동조합 설립 100일을 맞아 공장 앞에서 열린
'아사히사내하청노조 투쟁승리 연대 한마당'.

100일을 함께 버텨내며 투쟁한 조합원들은 '동지'가 되었고,
전국에서 모인 사내하청노동조합 동지들과 함께
'더 많은 우리'를 확인하는 감동의 날이었다.

© 뉴스민

시민의 바람도, 노동자의 아픔도
외면하는 구미시

엄청난 특혜를 주고 유치한 외국계 기업의 집단해고에 대해
구미시는 할 수 있는 것이 없다고 했다.
구미 시민 3만 4천 명의 서명도 외면했다.

2015년 10월 5일 우리는 구미시청 앞에 농성장을 차렸고,
남유진 구미시장은 우리를 피하기에만 바빴다.
절박한 마음을 호소하는 조합원을 무시하고 출발한
구미시장의 차에 치인 조합원에게는 사과도 배상도 없었다.

2016년 3월, 중앙노동위원회로부터
부당노동행위 판정을 받은
아사히글라스

투쟁의 사계절을 겪으며 처음으로 반가운 소식이 왔다.
2016년 3월, 중앙노동위원회가
사내하청업체 GTS 계약해지는 부당노동행위라며
원청인 아사히글라스에 노동자들의 생계대책을 마련하라고 판정했다.

그러나 돌아온 것은 '희망퇴직',
위로금 몇 푼을 내세운 '노동조합 흔들기'였다.

ⓒ 뉴스민

+
16

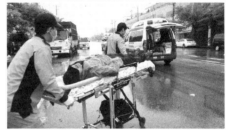

© 뉴스민

2016년 4월 21일, 구미시의 농성장 폭력 철거

48명의 조합원이 23명으로 줄어들자,
구미시는 2016년 4월 21일
칠백 명의 용역들을 동원해 농성장을 폭력적으로 철거했다.
천막 한 동을 지키려 빗속에 맨몸으로 저항하던 우리들은
네 명이 연행되고 네 명이 부상을 당했다.

다음날부터 전체 조합원이 열흘 동안
구미시청으로 출근하며 항의한 끝에
구미시장의 유감 표명과 440만 원의 배상을 받아냈다.

2016년 10월 서울 상경투쟁과
투쟁사업장들의 공동투쟁,
그리고 정부서울청사 앞 시국농성

일 년 반 동안 구미 전역을 들쑤시며 투쟁했고,
지역에서는 우리 문제가 많이 알려졌다.
하지만 아사히글라스는 꿈쩍하지 않았고
그 배후에는 법률자문 김앤장이 있었다.

우리의 투쟁을 더 널리 알리며 사측을 압박하고
'노조파괴 전문 로펌' 김앤장에게 경고를 보내기 위해
2016년 10월 17일, 서울 상경투쟁을 시작했다.

ⓒ 엉겅퀴

'박근혜 · 최순실 게이트' 폭로로 세상이 들끓기 시작했고,
'노동탄압 민생파탄 박근혜정권 퇴진을 위한 투쟁사업장 공동투쟁'
동지들과
광화문 정부서울청사 앞에서 시국농성에 들어갔다.

2016년 11월 8일, 청운동 주민센터 앞 기자회견을 위해 이동하는
공동투쟁 동지들을 경찰들이 막아섰다.
몸벽보를 부착하고 있다는 이유로
'불법행진'이라며 제지하고 고착하더니
결국 네 명을 연행했다.

ⓒ 엉겅퀴

노동조합이 살아나는 구미공단,
우리가 마중물이 되고 싶다

노동조합을 만들 때부터 지금까지 아낌없이 지원하고 연대하는
금속노조 KEC 지회에 우리의 투쟁은 많은 것을 빚지고 있다.

셀 수 없이 많은 공장과 노동자 들이 있지만
노동조합의 수는 한 손으로 꼽으면 끝나는 구미공단.
공장 안에서 숨죽이는 노동자들이 노동조합으로 뭉칠 수 있다면
우리는 서로에게 힘을 주면서
조금 더 나은 일터와 내일을 꿈꿀 수 있지 않을까.

그런 마음으로
노동조건이 열악한 공장들을 찾아가 집중 선전전을 했다.

2016년 11월 25일.

한국옵티칼하이테크 공장에 노동조합이 만들어졌다.

아사히글라스처럼 연매출 1조 원이 넘는

일본계 외국인투자기업이지만 노동조건은 바닥인 곳.

노동조합이 몰락한 구미공단을

노동자의 활기로 되살리고픈 우리의 바람은

이렇게 첫 단추를 꿰었다.

2017년 4월 광화문,
고공단식농성에 함께하며

박근혜가 파면되고 나서도 노동자와 민중의 삶은 달라지지 않았다.
촛불의 힘으로 조기 대선은 이루어졌지만,
유력 대선 후보들은 노동자들의 문제를 외면했다.

4월 14일, 여섯 명의 노동자들이 광화문 광고탑에 올랐다.
27일간 물과 소금만으로 버티며 고공단식농성을 했다.

정리해고 철폐! 비정규직 철폐!
노동법 전면 제·개정! 노동3권 쟁취!

비정규직이 철폐되고, 노동자가 사람답게 살게 되는 날까지
아사히 동지들은 오늘처럼 함께할 것이다.

© 한겨레 박종식 기자

차
례

2부 꺾이지 않고 질기게

3부 씨앗을 퍼뜨리기 위해 – 아사히 투쟁의 사회적 의미

1부

새싹,
시멘트 바닥을 뚫다

광화문

광고탑 위에서

오
수
일

나는 자영업과 작은 사업의 실패로 또 다른 출발을 꿈꾸며 회사에 취직했다. 구미공단 4차 단지에 위치한 일본투자기업 아사히글라스라는 액정유리 제조업체의 사내하청 GTS에 입사했다. 적지만 고정적인 수입이 절실했다. 처음엔 일 잘 한다는 인정도 받았다.

3개월 후부터는 쉬는 날이 없어졌다. 연차도 마음대로 쓰지 못했다. 그래도 참아야 했다. 가족을 더 이상 힘들게 하고 싶지 않았다. 회사는 작은 실수도 용납하지 않았다. 실수한 사람에게 징벌용 조끼를 길게는 한 달 이상 입혔다. 그것을 참지 못하고 회사를 그만두는 이도 있었다.

2015년 4월 노조 결성의 움직임이 생기기 시작했다. 드디어 노조가 만들어지고, 170명 중 138명이 짧은 기간에 조합원이 되었다. 회사는 두려웠던가 보다. 노조 설립 한 달 만에 전기공사를 이유로 GTS 전 공정에 하루 휴무를 준다. 9년 만에 공장이 처음 쉬는 날이었다. 그날 회사는 문자로 해고 통고를 했다.

그렇게 우리는 쫓겨났다. 처참하게 버려졌다. 우리는 억울했고 분했다. 온갖 투쟁으로 회사와 싸워 왔다. 그런데 돌아오는 것은 온갖 소송과 벌금, 심지어 집행유예까지 받아야 했다. 같은 기간 우리는 노동부에 부당노동행위, 부당해고 관련 고소를 했다. 그러나 노동부에서는 일 년 동안 담당과장을 두 번이나 교체하고 시간을 끌었다. 검찰에서는 재수사를 하라며 노동부로 사건을 몇 번이나 되돌려보냈다. 담당검사 부재중이라고 시간 끌고, 이제는 중앙노동위원회 행정소송 결과를 보고 나서 하겠다고 한다. 이 년 동안 우리는 아무것도 하지 못했다. 그동안 우리는 만신창이가 되어 스물두 명만 남게 되었다.

오는 2017년 5월 29일은 노조창립일 2주년이 되는 날이다. 그날, 우리가 겪어 왔던 일들이 한 권의 책으로 묶여 나온다. 공단에 핀 들꽃 같은 남자 스물두 명의 투쟁 이야기다. 힘들었던 생활을 함께 버텨온 한 사람 한 사람이 진술하게 직접 쓰고 지우고, 쓰고 지운 이야기를 담아낸 책이다. 책을 팔아서 생계 기금을 마련하고 싶은 절실한 마음도 있었다. 그러나 우리의 투쟁과 우리의 삶을 쓰기 시작하면서 무엇보다도 우리를 알리고 싶어졌다. 우리가 왜 "비정규직을 철폐하라"고 요구하고 투쟁하는지. 생계의 어려움 속에서도 왜 투쟁을 멈출 수 없는지. 우리가 왜 고공에 올라가고 단식을 하게 되었는지. 여러 동지들의 도움으로 만들어진 소중한 책이 곧 나온다는 기쁨과 설레임으로 고공단식농성을 견뎌내기도 한다.

우리는 2015년 10월부터 '정리해고 철폐! 비정규직 철폐! 민주노조 사수! 노동탄압 민생파탄 박근혜정권 퇴진을 위한 투쟁사업장 공동투쟁'을 꾸려서 열 개 사업장이 함께 싸우고 있었다. 2016년 10월 중순경 박근혜-최순실 게이트가 터지고 우리는 곧바로 투쟁사업장 공동투쟁 시국농성에 돌입했다.

촛불의 힘은 대단했다. 그 촛불의 선봉에는 우리가 있었다. 노동자가 선봉에 섰다. 박근혜가 쫓겨났다. 그런데 아무것도 변한 건 없다. 오히려 대선 후보들 밥상만 차려준 꼴이다. 대선 주자 어느 누구도 노동 관련 공약은 찾아볼 수 없었다. 많은 비정규직 노동자들이 죽어가고 쫓겨나는 현실을 저들은 외면하고 있다.

비정규직이 노동조합을 만들면 계약을 해지해 노조를 파괴해도 되는 나라, 정치인들이 국민을 투표하는 기계 따위로 보는 나라. 이런 나라가 과연 정상일까? 참다 못해 더 강도 높은 투쟁을 결심하게 되었고, 고공단식에 들어가게 되었다.*

---

* 2017년 4월 14일부터 5월 10일까지 27일간 서울 광화문 광고탑 위에서 여섯 명의 노동자가 고공단식농성을 전개했다. 그중 한 명이 아사히 비정규직 노동자 오수일 씨이다. 촛불의 힘으로 대통령이 파면되고 조기대선이 이루어졌지만 유력한 대선 후보들은 노동자들의 문제를 외면했다. 여섯 명의 노동자들은 '노동자민중 생존권 쟁취를 위한 투쟁사업장 공동투쟁위원회'라는 이름으로 다시 투쟁을 시작했다. "정리해고 철폐, 비정규직 철폐, 노동법 전면 제·개정, 노동3권 쟁취"라는 요구를 걸고 목숨을 건 고공단식농성에 돌입한 것이다. 이 글은 광화문 광고탑 위에서 오수일 씨가 쓴 글이다. 그리고 고공단식농성 8일차 되는 4월 22일은 아사히 비정규직지회 생계비 마련을 위한 후원주점 '아사히벚꽃호프'를 여는 날이기도 하다.

어느덧 고공단식농성 8일차. 오늘도 동지들의 아침문화제로 하루를 시작한다. 내려다보니, 한쪽 옆에는 장애인철폐연대 동지들이 행진 준비로 분주하다. 행진하며 우리가 올라와 있는 광고탑 아래에서 멈췄다. 여섯 명 동지들의 이름을 부르며 안부를 전해 준다. 우리는 탑 위에서 손을 흔들며 인사를 대신한다.

또, 오늘은 구미에서 '아사히 비정규직지회 생계기금 마련을 위한 후원주점'을 하는 날이다. 아사히 동지들은 몹시 바쁘다. 서울 고공단식농성장도 지켜야 하고, 주점도 해야 하니 말이다. 걱정이다. 주점이 잘 되어야 조합원들 생계비를 줄 수 있는데. 신경이 쓰인다. 투쟁만 해도 힘든데 생계비까지 책임져야 하는 안타까운 현실이 너무 싫다. 더 이상 이런 걱정 없이 노동자도 인간다운 삶을 살아갈 수 있도록 이번 투쟁이 세상을 뒤집어버리는 투쟁으로 확대되고 확대되었으면 하는 바람이다.

지랄 같은 세상의 노동자들

남
기
웅

이른 추운 새벽 알람소리가 초라한 나의 작은방을 가득 채운다. 매일 듣는 소리이지만 반갑지가 않다. 어제 감기와 잔업 때문인지 몸이 말을 듣지 않는다. 오늘 하루만큼은 간절히 쉬고 싶지만 출근하러 일어나야만 한다. 나는 비정규직이다. 힘겹게 몸을 씻고 어김없이 아침을 거르고 통근버스를 탔는데 역시나 자리가 없다. 또 서서 출근을 한다.

버스가 공장에 도착했다. 학생 때 공부나 열심히 할걸, 나 자신을 자책하면서 버스에서 내린다. 내가 일하는 공장은 LG 냉장고 사업부 사내협력업체이다. 말이 협력업체이지 노예업체인 것만 같다. 깊은 한숨을 내뱉고 공장 안으로 들어선다. 저 앞에 함께 일하는 동료들이 보인다. 항상 그렇듯이 표정들이 좋지 않다. 아마 내 마음과 비슷하지 않을까 하는 생각이 든다.

그래도 반갑게 아침 인사를 나누는데 다들 얼굴이 굳어 있다. 무슨 일이 있냐고 묻자, 해고 소문 들었냐며 오히려 나에게 되묻는다. 소문일 테니 걱정하지 말자며 서로를 위로해 줬다. 뭔가가 불안하다. 그러면서 '내가 해고되면 어떡하지' 하는 걱정도 든다. 비정규직으로 살다 보면 이런 일이 밥 먹듯이 자주 일어난다. 이제는 '해고'라는 단어가 자연스럽고 가깝게 느껴질 정도다. 사람을 쓰레기 버리듯 버리는 현실이 과연 정상인가 하는 생각이 든다.

아침조회 할 시간이라 사람들이 한자리에 모여든다. 우리 협력업체 과장이 무표정한 얼굴로 사무실에서 나왔다. 공장 사정상 몇 명이 나가야 된다고 한다. 우려가 현실이 되는 순간이었다. 서로 위로해 줬던 행동들이 무의미해졌다. 며칠 지켜볼 테니 해고되지 않으려면 열심히 일하란다. 도대체 얼마나 더 열심히 하라는 건지 원망이 들었다.

라인이 돌아가고 나의 몸은 기계적으로 일을 시작한다. 감기가 걸린 상태라 점점 더 몸이 나빠지고 있는 것 같다. 아침에 몇명 해고된다는 말이 내 머리에 맴돈다. 역시 출근하기 잘한 거겠지 하고 혼자 위안 삼으며 일을 했다. 일이 손에 잡히지 않지만 해고당하지 않으려면 열심히 일을 해야 한다. 짤리지 않으려면 그렇게 해야 한다. 살려면 돈이 필요하니까.

정신없이 일하다 보니 쉬는 시간을 알리는 종이 울린다. 알람소리와는 다르게 정말 반가웠다. 힘들게 일한 현장 노동자들이 제일 바쁜 시간이다. 뛰어야만 한다. 10분이란 시간은 길지 않기 때문에 그렇다. 달달한 휴식 시간 10분이 1분처럼 짧게 느껴진다. 아주 고단하고 치열한 짧고도 짧은 순간인 것이다. 한쪽 손에는 피로를 달래주는 커피를, 다른 한쪽 손에는 마음을 위로

비정규직은 살기 힘든 구미입니다.

구미시는 아사히글라스 대량해고사태 해결하라!!

최저임금 1만원, 생활임금 쟁취!!

구미시는 아사히글라스 대량해고사태 해결하라!!

ⓒ장영식

해 주는 담배를 들고 나름 인생의 달콤함을 느낀다.

달달한 휴식을 뒤로 한 채 다시 일을 했고 어느새 점심시간
이 되었다. 밥을 먹고 감기약을 먹고 쪽잠이라도 자 볼까 한다.
그런데 불량이 나왔다고 점심시간의 반을 재작업하는 데 사용
하라고 한다. 마치 '네가 얼만큼 견뎌내는가' 테스트하는 것 같
은 생각이 들었다. 이 정도 일을 하면 소로 변신해도 이상하지
않을 것 같다. "쉬고 싶다"고 이야기하고 싶다. 하지만 아침에
과장이 한 말이 떠오른다. '해고', 이 한마디가 내 입을 얌전히

다물게 만든다.

그렇게 악몽 같은 시간이 흘러 드디어 퇴근시간이다. 집에 가서 쉴 수도, 잘 수도 있다. 그런데 과장이 "물량이 딸려서" 잔업을 하란다. 퇴근하고 싶지만 나에게 선택권 따위는 없다. 해고되지 않으려면 잔업을 해야 한다. 나는 비정규직이다. 먹고살아야 하니까. 함께 잔업하는 동료들 얼굴에 고단함이 묻어난다. 이런 인생을 살려고 내가 태어났을까 하는 자괴감이 들었다. 또다시 나를 자책한다. 내가 못나서 이런 데서 일하는 거겠지, 하고 말이다.

잔업을 마치고 통근버스에 올라탔다. 역시나 자리가 없다. 잔업 하는 사람에 비해 통근차량이 턱없이 부족하다. 또 서서 퇴근한다. 진짜 피곤하다.

드디어 집에 도착했다. 그런데 오늘따라 내 방이 더 작고 초라해 보인다. 오늘 고생해서 그런지 더 그렇게 느껴지는 것 같다. 몇 년째 일을 했는데 좁은 원룸 생활에서 벗어나지도 못했고 나아진 것도 없다. 몸을 씻고 잠을 청한다. 피곤하긴 한데 생각이 많아진다. 복잡한 머릿속이 정리가 되지 않는다. 그래도 잠을 청해 본다.

몇 년 후 구미 아사히글라스 하청업체 GTS에 입사했다. 사내하청은 어딜 가나 모두 똑같은가 보다. 여기서 일하면서도 사람들을 '해고한다'는 소문을 자주 듣곤 했다. 몇 년을, 언제 짤릴지 모른다는 두려움 속에 살았다. 더 나아진 것은 없다. 아니 상황이 점점 더 나빠지는 것 같다.

그러던 어느 날 회사의 부당함에 맞서 사내하청노조가 만들어졌다. 그리고 한달 만에 문자 한 통으로 해고되었다. 노동조합을 만들었다는 이유로 나는 해고를 당했다.

현재 나는 20개월째 아사히글라스와 싸우고 있다. 20개월 동안 많은 것을 보고 경험하였다. 몇 년 동안 비정규직으로 살아보니까, "비정규직은 반드시 없어져야 한다"는 답이 나왔다. 인간답게 살기 위해서 꼭 없어져야 한다. 우리가 꼭 이긴다는 보장은 없다. 그래도 후회 없이 싸워보고 싶다. 노동이 존중받는 세상을 만들기 위해서 포기하지 않고 끝까지 싸우고 싶다.

쉬는 시간
20분 만에 먹던
도시락

비정규직은
쓰다 버리는
일회용품이 아닙니

최
진
석

어딜 가나 똑같은 비정규직

학교에서 현장실습을 나갔다. 내가 처음 일한 곳은 구미공단에 있는 우성기업이다. 군대 가기 전까지 정규직으로 근무했는데 군대 다녀와서는 비정규직으로 일했다. 우성기업은 텔레비전 케이스를 조립하는 곳이었다. 주간만 근무했는데 정규직으로 일할 때는 기본 여덟 시간만 일해도 120만 원을 받았다. 비정규직으로 일하니까, 기본 여덟 시간 근무하고 연장 근무를 네 시간 이상 하고도 한 달에 하루 쉬면서 월 180만 원을 넘지 못했다. 물량이 많으면 새벽 2시까지 집에 가지도 못하고 일해야 했다.

오래 일하지 못하고 다른 곳으로 옮겨 보지만 가는 곳마다 정규직 일자리는 없었다. 비정규직으로 취업해서 일이 년 일하고 나면 정규직이 될 줄 알았다. 그러나 현실은 기대할 게 없었다. "인생 뭐 있나? 다 비정규직인데 열심히 일만 하고 돈만 벌자"고 마음먹었다. 취직하기 위해서 면접 보고, 다음날 출근하라고 하면 출근하고, 출근했다가 회사와 안 맞으면 그만두고……. 비정규직으로 일하니까 어딜 가도 대우는 다를 게 없었다. 차라리 한 군데 붙어 있으면서 돈만 벌어야겠다는 생각에 아사히글라스 구인광고를 보고 하청업체로 들어가게 되었다.

나는 어릴 때부터 아버지 농사일을 거들면서 자랐다. 형이 있지만 형은 멀리 대구에 사니까 아버지 농사일을 거들지 못한다. 농사일을 거들면서 공장을 다니는 건 너무 피곤한 일이었다. 내가 좀 편하기 위해 아버지를 꼬셨다. 내가 모은 돈과 약간의 빚을 얻어서 농기계를 장만했다. 아버지는 농기계를 다룰 줄 모른다. 내가 있어야 농기계 사용이 가능하다. 한번은 나 없을 때 아버지가 기계를 만지시는 바람에 고장이 나서 수리비가 엄청 많이 들고 손해가 이만저만이 아니었다.

그 후로 나는 아버지 농사일에서 발을 뺄 수 없게 되었다. 농사일을 거들면서 2교대 근무를 하던 때에는 너무나 고단했다. 아사히글라스에 들어간 것은, 아버지 일을 거들면서 일할 수 있는 조건인 3교대 근무였기 때문이다.

아사히글라스 공장에 첫 출근하던 날, 점심시간에 식당까지 10분을 걸어서 갔다. 식당의 따끈한 밥은 너무 맛있었다. 매일 그렇게 점심식사를 하는 줄 알았다. 10분을 걸어서 가는 게 너무 멀다 싶긴 했었다. 그러나 다음날 출근하고부터 공장에서 쫓겨 나올 때까지 그 식당은 두 번 다시 갈 일이 없었다.

유리원판 한 장에 15초, 45분 만에 180장

아사히글라스에서 내가 일하던 곳은 '세정 3라인'이었다. 라꾸라꾸라는 유리원판을 집는 기계를 조정하여 유리원판을 생산라인으로 투입해서 세척하는 일이었다. 네 명이 한 조가 되어 라꾸라꾸 조정, 유리원판 투입, 종이 빼기 작업을 했다. 한 사람이 한 시간 일하고 20분을 쉬어야 하기 때문에 3명+1명이 되어야 일이 원활히 돌아갈 수 있다.

'조정'은 라꾸라꾸 기계장치를 조작하는 것으로 유리원판을 집어서 생산라인으로 투입하는 작업이고, '투입'은 유리원판을 생산라인으로 옮길 때 기계에만 의존할 수 없으니까 사람이 조정하는 힘과 맞춰서 유리원판을 밀어 생산라인 컨베이어 위에 안전하게 올리는 작업이다. 종이 빼기는 흠집을 방지하기 위해 글라스와 글라스 사이에 깔아 놓은 간지를 제거해서 작업이 끊기지 않고 연속될 수 있도록 하는 작업이다.

한 사람이 조정 한 시간, 투입 한 시간, 종이 빼기 한 시간 일하고 20분씩 쉴 때 누군가 한 사람은 조정 20분, 투입 20분, 종이 빼기 20분을 해서 한 시간을 일하는 셈이 되는 거다. 그렇게 네 명이 한 조로 세 개의 팀이 있어야 아사히글라스 세정라인은 3교대로 가동이 가능하다. 파레트 한 판에 글라스가 180장인데, 그 180장을 45분 만에 생산라인에 투입하는 것으로 매뉴얼이 짜여 있다. 15초 안에 글라스 한 장을 생산라인에 투입해야 하는 것이다. 그리고 목표시간을 달성하지 못하면 관리자들에

© 뉴스민

게 야단맞기 일쑤다.

　겉보기엔 단순작업으로 보이지만 네 명 중 한 명이라도 딴생각을 하면 바로 작업에 지장이 생긴다. 나는 잠이 많아서 야간근무할 때 졸음을 못 이겨서 실수할 때가 있었는데 함께 일하는 형님이 많이 봐준 편이다. 이렇게 한 팀이 호흡을 맞춰야만 작업이 가능한데, 사람이 자주 바뀌거나 근태가 불규칙하면 같이 일하기가 쉽지 않고 작업물량을 맞춰낼 수가 없다. 신규직원은 수습기간이 3개월인데, 일이 워낙 힘들고 유리가루를 마셔 가며 해야 하는 일인 데다가 상사들의 막말에 오래 못 버티고 그만두는 경우가 많다. 계속 일하는 사람만 힘들어진다. 사람마다 편차가 좀 있지만 이 일도 4~5개월은 해야 숙련되고 손도 빨라진다. 새로 입사한 사람들은 오래 일할 생각보다는 좋은 자리 있으면 떠나거나 자영업을 하려고 거쳐 가는 자리로 생각을 하는지 들락날락하기 바쁘다.

작업환경만 열악한 게 아니라 임금도 형편없이 낮았다. 매년 국가에서 최저임금이 결정되면, 딱 그만큼만 임금이 인상되었다. 아사히글라스는 상여금을 12개월로 나눠서 매월 임금에 포함시켜 줬다. 어느 날, 430퍼센트였던 상여금이 550퍼센트로 인상되었다고 했다. 나는 명세서를 꼼꼼히 살피고 계산하는 스타일이 아니라 통장에 돈이 들어오는 대로 쓰는 편이라서, 상여금 올랐다는 소식에 "아, 이제 월급 좀 올랐겠네" 하고 통장을 정리해 보니 상여금 오르기 전 월급이나 별반 차이가 없었다. 오른 것은 세금뿐인 것 같았다. 세금만 꼬박꼬박 잘 떼가는 것 같았다. "상여금이 430퍼센트에서 550퍼센트로 인상되었는데도 임금이 동일한 이유는 기본급을 삭감했기 때문이다. 회사에서 사무실에 반장들 모아 놓고 설득하고 현장의 노동자들에게 동의하는 서명을 받았다"고 차헌호 지회장이 설명해 줘서 영문을 알 수 있었다.

점심시간이 없는 공장

작업을 한 시간 하면 20분을 쉬었다. 다른 회사는 그런 곳이 없었다. 쉬는 시간이 길어서 좋았다. 그런데 점심시간이 따로 없었다. 쉬는 시간 20분 동안 밥을 먹어야 했다.

　내가 일했던 세정라인은 배달 도시락을 먹었다. 회사에서 하청업체 직원들에겐 휴게실을 식당으로 이용하게 하면서 도시락배달업체를 선정해서 점심식사를 제공했다. 도시락업체도 몇 번 바뀌었다면서 그전 업체에 비해 맛있다고 말하는 동료가 있다. 웃음만 난다. 도시락은 커다란 탑차에 실려서 현장 휴게실로 배달되어 온다. 단가는 2500원 정도라고 들었다. 밥과 국, 멸치 같은 반찬이 나오는데 정말 싸구려다. 어떤 날은 밥이 질고 어떤 날은 밥이 되다. 국은 짜고 싱겁고, 같은 사람이 끓인 국이 맞을까 싶을 정도로 날마다 국맛이 다르다. 반찬은 기억도 안 날 정도다. 그냥 김치와 단무지만 나올 때도 있었다. 가끔씩 삼계탕이 나올 때도 있긴 하지만, 밥이 너무 형편없어서 매일 라면을 준비해 놓았다가 밥을 라면에 말아 먹거나 라면이 없는 날은 그냥 맹물에 말아 먹어야 했다. 밥 때문에 불만이 엄청 많았다. 이게 사람 밥인지 개밥인지 구분이 안 갈 때도 많았다. 배가 고프니까 어쩔 수 없이 먹어야 했다.

초단위로 체크되는 생산시간

　세정라인에서 일을 시작할 때 첫해에는 글라스를 생산라인으로 투입하는 데 15초 걸렸다. 해고되기 직전엔 2초를 줄여서 13

초가량 걸렸다. 회사는 해가 거듭될수록 물량 생산시간을 단축시켰다. 숙련되어 작업시간이 줄어들면 어느 정도 편해지는 게 상식이지 싶은데, 생산시간이 단축되니 쉴 새 없이 글라스를 생산라인으로 투입해야 하므로 일은 점점 더 정신없이 해야 했다.

사무실은 하루 목표량이 있었다. 3교대니까 3개의 조가 가동되는데, 각 조가 목표량을 채우지 못하면 사무실에서 리드를 불러 욕하고, 리드는 조장들을 불러 욕해대고, 조장은 조원들을 불러 욕한다. 목표량보다 높은 수량을 한 조는 칭찬을 받긴 하지만, 그 다음부터 목표량이 올라간다. 그야말로 경쟁시스템이다.

사무실은 초시계에 엄청 예민하다. 매번 초단위로 시간을 줄이는 데 온 신경을 곤두세웠다. 왜 그렇게 초단위로 물량 생산시간을 체크하고 쪼아대는지는 잘 모르겠지만, 생산시간을 단축시켜내면 낼수록 목표량은 줄어드는 게 아니라 늘어났다. 목표량을 맞춰서 생산량을 달성하면 다음해엔 목표량은 늘어나있다. 그런데 문제는 일하는 사람은 단 한 명도 늘지 않는다는 것이다.

그래도 내가 일한 세정라인은 정규직과 함께 일하는 곳이 아니라서 편했다. 일할 때 정규직과 부딪힐 일이 없어서 직접적인 차별을 덜 겪는 편이라서 좋았다. 다른 데서 일할 때에는 정규직과 함께 일하면서 온갖 심부름을 하고 욕을 얻어먹으면서 기분 나쁠 때가 많았다. 물론 아사히글라스에서도 정규직이 한번씩 현장순회를 하면서 지적할 때는 기분이 더럽다. '복장불량',

'지게차 안전벨트 미착용', '안전모 미착용' 등 지적받을 때가 있고, 심할 때는 시말서를 써야 할 때도 있었다. 지적한 내용은 하나도 틀린 말은 아니다. 현장은 열기가 뜨겁다. 너무 더워서 일하는 동안 땀을 한 바가지 쏟아야 한다. 땀 닦는다고 안전모를 벗었는데 그때 하필 정규직이 지나가다 보고는 지적을 하고 시말서까지 써내라고 한 적도 있다. 사무실로 하청업체 관리자를 불러서 야단치기도 하고, 어떨 때는 직접 생산라인에 뛰어들어와 지적해댈 때도 있다.

뭔지도 몰랐던 노동조합,
믿고 끝까지 가보고 싶다

작업환경도 열악하고 임금도 짠데 일은 만만치 않으니 오래일할 사람은 거의 없었다. 나도 처음 세정 3라인에 갔을 때에는너무 힘들어서 도저히 못하겠다 싶어 나갈 궁리를 여러 번 했다. 그래도 한 군데 정해서 돈만 벌자고 마음먹었는데 이것도못 견뎌내면 내가 어디서 뭘 할 수 있을까 하는 생각에 조금만더 버텨보자고 다짐하면서 시간을 보냈다.

그러던 어느 날 현장에서 노동조합을 한다고 들썩거렸다. 나는 노동조합이 뭔지도 모르겠고 관심도 없었다. 노동조합이 썩탐탁지도 않았다. 그런데 함께 일했던 형이 야간 일 하고 아침에 국밥 한 그릇 먹자고 꼬시더니 노동조합에 가입하자고 했다.

그렇게 노동조합에 가입을 하게 되었고 나는 뒤에서 따라다니기만 했다. 그런데 정작 나를 꼬셨던 형은 그만두고 나가버렸고 나는 남았다.

지금도 노동조합이 뭔지는 잘 모르겠지만, 지금까지 내가 비정규직이고 싶어서 비정규직인 적은 한 번도 없었다. 어딜 가도 비정규직이고, 어딜 가도 열악한 환경에서 일해야 하는데, 이젠 갈 곳도 사실 없다. 일자리가 그만큼 많지 않아서 선택의 폭도 넓지 않은 게 현실이다. 그래서 이왕 하게 된 거, 노동조합 믿고 끝까지 가보고 싶다. 끝이 뭔지는 봐야겠다는 생각이 든다. 잘 되면 다시 현장으로 돌아가고, 노동조합으로 좀 더 좋은 환경 만들어서 일하게 될 테니까 한번 해볼 만한 것 같다.

시작했으니

끝을

봐야지

+ + + +
+ +

+ + +

박
세
정

한국합섬 노동조합 시절

나는 '델코'의 정규직으로 근무했는데, 황산성분, 납성분이 많은 델코밧데리가 건강에 안 좋을 것 같아 이직을 고민했다. 그러다 친구의 소개로 한국합섬에 들어가게 되었다. 그때가 1995년도였다. 경북 왜관 석적면에 위치한 공장인데, '스타케미칼' 굴뚝에서 408일간 농성을 했던 차광호 씨가 일했던 공장이다. 한국합섬은 나중에 폐업되고 스타케미칼로 넘어갈 때 차광호 씨와 함께 폐업에 맞선 싸움을 한 적이 있어서 그를 잘 알고 있었다.

나는 합섬이라고 해서 여성들이 많을 거라고 기대하고 들어갔는데 남성들만 가득해서 엄청 실망했다. 갓 가동을 시작한 공장이라 생산라인은 새 기계에 새 시스템이었다. 공장 안은 엄청 더웠다. 폴리에스테르라고 플라스틱을 녹여서 국수 가락처럼 뽑아내는 작업이다. 열을 많이 뿜어내는 곳이라 너무 더워서 도무지 일을 할 수가 없었다. 그만두고 싶다고 관리자에게 말했다. 관리자는 일주일만 버텨 달라고 부탁했다.

일주일은 버텼지만 더 일하기 힘들 것 같았다. 다른 사람보다 땀이 많아서 더 괴로웠다. 관리자가 또 한 번 나를 달랬다. 딱 한 달 되는 날에 월급까지 받아보고 그때도 못 하겠으면 이야기하자고 했다. 한 달이 다 되어 월급을 받았는데 그때도 못 하겠더라. 관리자한테 다시 이야기하니 딱 석 달만 버텨 보자고 나를 달랬다. 곰곰이 생각해 보니 내가 여기서 못 버티면 어디 가서 뭘 할 수 있을까 하는 생각에 한번 해보기로 했다. 석 달을 버텨내니까 그때서야 적응이 되고, 월급도 꽤나 괜찮은 조건이어서 계속 일을 할 수가 있었다. 그때 나이가 스물여섯이었다.

나는 한국합섬이 노동조합을 만들고 끝날 때까지 거의 다 지켜본 조합원이었다. 노동조합에서 간부를 맡을 기회도 여러 번 있었지만 거절했다. 간부를 맡으면 계속 해야 할 것 같고, 개인적인 여유 없이 살아야 할 것 같아서 평조합원으로만 지냈다.

한국합섬 노동조합은 그야말로 강성이었다. 투표하면 90퍼센트 이상이 참여하고 파업을 가결시켰다. 실제로 파업도 수차례 했다. 서울 상경도 엄청 많이 했고 한국합섬 폐업투쟁 5년 동안 공장을 지키면서 버텨냈다. 그러던 어느 날 내게 좋은 기회가 찾아와서 나는 그곳을 떠나게 되었다. 노동조합 간부들은 잘 되었으면 좋겠다며 흔쾌히 나를 격려해 줬다. 마지막을 함께 하지는 못했지만, 조합원들과 잘 정리하고 나온 듯했다.

ⓒ 장영식

시작했으니 끝은 봐야지

처음 아사히글라스에 들어와서 노동조합을 한다고 할 때 솔직히 하기 싫었다. 노조 없는 작은 공장에서 적은 임금 받으면서 조용히 일하고 싶었다. 비정규직이 노동조합 만들어서 할 수 있겠나, 하는 회의도 많이 들었다. 그런데 한국합섬 시절 알던 지인들이 차헌호 지회장 이야기를 하길래 그를 지켜보았다. 믿음이 가는 사람이었다. 잘할 것 같았다.

그때 내 주변에서는 노동조합 경험을 했던 사람들이 오히려 "비정규직 노동조합 힘들다. 그냥 나가라"고 권했다. 하지만 전에도 끝을 안 보고 나오니까 나오고 나서도 마음이 안 좋았다.

잘 되든 안 되든 끝을 보면 마음이 후련할 텐데 항상 궁금하고 뭔가 찜찜하고…… . 부채감에 시달리는 느낌이라고나 할까?

또 사회 생활을 해보니 사람과의 관계가 매우 중요하다는 생각이 들었다. 한국합섬에서 사측에 들러붙은 놈들을 만나면 나는 거리낄 게 없는데 그들은 찔리는지 슬슬 피한다. 그때 고생스럽지만 열심히 함께한 사람들은 서로 일거리도 챙겨주고 집안에 어려운 일이 있으면 신경 써주고 한다. 그렇게 도와주려는 사람들이 주변에 생겨나서, 나도 정말 잘해야겠다는 생각이 들었다.

노동조합에서 사람과 사람 사이의 관계를 잘 하고 투쟁을 하는 동안 최선을 다하면 지금은 비록 고달프고 힘들지만 그게 나중엔 다 돌아온다는 걸 나는 알고 있다. 또, 계속 함께 투쟁하면서 생활하다 보면 형님, 아우 하면서 정이 쌓이게 되더라. 내가 나가면 저 동생들은 어떻게 하나? 형님들은 더 힘들어지지 않을까? 그래서 결코 '나 하나 나가면 그만'이 아니라는 것을 알기에 나갈 수가 없다.

한국합섬 노동조합을 하던 시절에는 휴대폰에 카메라가 장착되어 있지도 않았고 SNS 같은 것도 없었다. 화염병, 파이프를 들고 용역깡패들과 육탄전을 벌여야 할 때도 있었다. 그때는 혈기왕성했을 때이기도 하지만 공장을 뺏기지 않으려고 전쟁을 해야 할 때였다. 고소·고발도 엄청 많이 당했다. 그래도 노조가 있어서 일하는 환경은 좋았다. 현장에서 눈치 보지 않고 일할 수 있었고, 일하는 사람들끼리 서로 배려해 주었다. 복지도 좋았다. 당시 한국합섬이 아마도 최고의 근로조건과 임금수준이 아니었나 생각된다. 이게 노조의 성과라고 생각한다.

그런데 지금 아사히글라스는 완전히 조건이 다르다. 공장 안에서 싸우는 게 아니라 밖에서 싸우는 것인 데다가, 요구도 '제자리로 돌아가겠다'는 것이지 않나. 그만큼 노동조합은 만드는 것이 어려운 게 아니라 지키는 것이 어렵다. 그런 것을 잘 아니까 노조에서 앞장서는 사람들이 얼마나 고생하는지도 잘 안다. 직책 맡은 사람들 보면 미안하고 고맙다. 누구보다 그들의 고충을 잘 알고 있으니까.

새로운

세상을 기대하며

김
정
태

아버지의 모습

2005년 LG전자에 입사하여 2008년까지 3년을 일했다. 그곳에서는 사무직이 아닌 기능직들은 의무적으로 노동조합에 가입을 한다. 한국노총 산하의 노동조합이다.

어릴 적 아버지가 LG에 다니면서 노동조합 활동하시는 것을 보면서 자랐다. 하루는 아버지가 머리를 다친 채 집에 오셨다. 처음엔 무슨 영문인지 몰랐다. 어머니와의 대화를 들으면서 알수 있었다. 아버지가 조합원들과 술을 한잔 마시고 집으로 오시는 길에 아버지를 탐탁지 않게 여기는 누군가가 아버지의 머리를 가격한 것이었다. 그날 이후로 어머니는 아버지에게 노조 활동을 하지 말라고 하셨다.

그런 기억 때문에 어릴 적 나는 노동조합을 아주 나쁜 것이라고 여겼다. 수많은 사람들이 길거리로 나와서 데모를 하고, 최루탄 가스를 마시며 각목과 갖은 연장들을 들고 서로 싸우는 모습. 무엇 때문에 싸우는지 영문을 알려고도 하지 않았고, 그냥 그런 모습들이 싫었다. 먼 훗날에 저들이 싸우는 이유를 알게 되었지만 긍정적으로 생각되지는 않았다. 그리고 어린 시절 노조에 대한 편견이 가득 찼던 나는 자라서 한국의 대기업 LG 에 입사해 노동조합에 가입을 하게 된 것이다.

LG를 그만두다

노동조합 활동을 나쁘게만 봐 왔던 나는 회사 업무에만 전념했다. 그러던 중 간간이 들리는 노동조합에 대한 이야기가 귀에 거슬렸다. "노동조합은 있으나마나다", "늘 교섭 시기가 되면 작년과 동결이다", "노동조합이 뭐 하는지 모르겠다", "누구는 노동조합에 돈 500만 원 주고 입사를 했다", "누구는 조합의 누구 줄을 잘 타서 승진이 잘 된다", "저 업체 사장이 예전에 조합 활동하다 회사 측에서 저 업체 하나 받고 나갔다", "LG 하청업체는 전부 다 사무실에서 한자리 한 사람이나 조합 간부들이다", "조합 간부들 회식하면 돈을 얼마나 쓰는지 아나?" 등등. 이런 이야기를 들으니, 어릴 적 봤던 과격하게 싸우던 노동조합과 여기서의 노동조합은 너무도 달랐다.

내가 일했던 LG의 노동조합은 그야말로 편한 곳이었고, 현장을 개선할 의지가 없어 보였다. 누군가 의지를 보일 때는 대의원 선거나 뭔 선거가 있을 때였다. 난 분명 모르는 사람인데 노동조합 선거에 후보로 나가니 자기를 찍어 달라는 인사를 다닌다. 그러면서 술자리를 만들고 각 조별 회식 때 참석해서 계산을 한다. 그렇게 선거가 끝나면 그 사람도 다신 보이지 않는다.

그러던 어느 날 함께 일하던 형님이 사람들을 한두 명씩 모았다. 같이 일하는 사람들과 하청업체에서 일하는 사람들이었다. 그렇게 열 명 정도가 모여 이야기를 나눌 기회가 생겼다. 사람들을 모은 형님은, LG에 있는 한국노총은 있으나마나다, 썩을 때로 썩었다며 이대로 있으면 안 된다고 했다. 하청업체에서 일하는 사람들도 정규직이 되어야 한다고 주장했다. 같은 회사에서 출퇴근하며 같이 일하는데 정규직과 하청이 나누어져 있다는 건 말이 안 된다고 했다. 그리고 2교대를 하고 있는 사람들은 정규직인데 2교대가 아닌 3교대로 바꿔야 한다고 했다. 그렇게 모임을 자주 가지면서 수많은 이야기를 나눴다. 모임이 잦아지자 회사의 상급자들은 우리에게 관심을 보이기 시작했다.

모임을 만든 형님은 일도 잘 하고, 잘못된 일에는 직설적으로 항의를 곧잘 하는 사람이다. 그런 형님을 상급자들이 좋아할 리가 없었다. 결국 회사는 그 형님을 1공장에서 2공장으로 전환배치했다. "그곳이 지금 어수선하니 가서 자리 좀 잡아줘. 그렇게 있으면 센터장을 시켜주겠다"고 달랬다. 형님이 그곳에 가 있어도 모임은 계속 이어졌다. 지금 생각해 보면, 우리는 행동한 것은 하나도 없고 주로 술자리를 갖거나 이야기만 깊게 나눴던 것 같다.

그렇게 시간이 지나다 어떤 사건을 계기로 형님은 회사를 떠나게 되었다. 그 형님이 아닌 다른 사람이 잘못한 것인데 회사는 형님과 그 사람의 관계를 이용하여 형님을 압박하였고, 그 압력을 견디지 못한 형님은 책임을 지고 회사를 떠났다. 사람들이 하나 둘 떠나가면서 모임도 자연스럽게 사라져가고, 나는 회사에 흥미를 잃고 2008년에 그만두고 만다.

정규직은 버렸지만 노동조합을 얻다

남들이 부러워하는 대기업을 그만두고 이런저런 일을 하다가 친구의 소개로 아사히글라스라는 일본 기업의 하청업체에 취직을 했다. 그리고 이곳에서 차헌호 형을 만나게 되었다. 그는 훗날 아사히 비정규직지회를 이끌어가는 대표가 되는 사람이다. 당시에는 이 만남이 내가 인생에서 한 번도 하지 못할 일을 하게 만들지 몰랐다.

나는 헌호 형과 다른 형님 한 분과 같이 일을 하며 밥도 먹으러 다니고 술자리도 하면서 어울렸다. 그러던 어느 날 헌호 형이 "네가 한 번도 가보지 못한 곳인데, 가보면 새로운 세상을 볼 것"이라며 나를 어디론가 데리고 갔다. 나는 속으로 '어디 좋은 술집이 있나?'라고 생각하면서 헌호 형을 따라나섰다.

우리는 어느 공장 앞에 도착하였다. 공장 정문은 막혀 있고 그 앞에는 흰색 텐트가 줄 지어 서 있었다. 시끄럽게 떠드는 사람들과 고스톱을 치는 사람들, 술을 마시는 사람들, TV에서 봐오던 노동조합을 하는 사람들이었다. 그곳은 아사히 비정규직 노조를 만들 때 물심양면 지원해주었던 금속노조 KEC 지회였다.

처음 본 그들은 약간 무서웠고 투박해 보였으며, 슬퍼 보이기도 했다. 또 다른 모습은 즐거워 보였고 인간미가 있으며 알지 못할 오묘한 무언가가 있었다. 지금 그것을 표현한다면 '단결'이라고 할 수 있을 것 같다. 내심 기대하고 간 좋은 술집은 아니었지만, 그곳을 다녀온 것을 계기로 나는 헌호 형과 함께 노동운동과 관계된 일정과 장소를 찾아다니게 되었다. 구미의 한 노동자가 굴뚝에 올라 고공농성을 하고 있는 스타케미칼 공장도 찾아갔다.

헌호 형을 따라다니며 많은 것을 보고 듣고 배웠다. 노동문제도 고민하게 되었다. 당시 헌호 형은 "주변 공장에서 큰 사건이 벌어져서 그것을 계기로 노동자들이 일어난다면 그 흐름을 타서 노동조합을 만들 수 있고, 아니면 공장 내에서 무엇인가 사건이 벌어져서 사람들이 일어난다면 만들 수가 있다"고 했다.

회사의 여건은 좋지 않았다. 9년 일한 사람이나 갓 들어온 사람이나 일하고 받아가는 임금은 최저시급으로 똑같았다. 공장에서 일할 때 체벌도 있었다. 수치심을 느낄 만큼 체벌을 당해서 공장을 떠난 동료도 있었다. 아사히글라스 공장은 조별 물량을 뽑기 위한 전쟁터다. 조별 물량 비교와 목표 달성의 압박을 받으며 관리자는 조장을 나무라고, 조장은 현장 라인의 사람들을 야단치고, 그렇게 노동의 피로는 쌓여 갔고 사람들은 지치고 피폐해져만 갔다. 회사에서 지급되는 작업복은 사이즈도 안 맞고 재질 또한 저급했다. 어떤 노동자는 작업복을 받자마자 팔 부위를 찢어버렸다.

이렇게 여건이 좋지 않은 회사를 다니던 중 지금의 노동조합이 만들어진 계기가 된 사건이 일어났다. 하청업체 소속으로 공장 2층에서 일하는 노동자 열여섯 명에게 아사히글라스가 권고사직을 제안한 것이다. 제안을 받은 열여섯 명은 그날 저녁에 모여 이야기를 나누었다. 몇 번의 모임을 하면서 어떻게 해고를 당하지 않고 모두 살아남아 일할 건지 의논했지만, 회사의 권고사직을 받고 나갈 사람과 그것을 거부하고 남을 사람들로 나눠졌다. 결국 열한 명이 떠나고 다섯 명이 남게 되었다. 다섯 명 중 한 명은 회사 쪽 사람이라 실제로는 네 명이라 할 수 있다.

이 일을 계기로 헌호 형은 공장 1층 현장의 지인을 통해 사람들을 모아냈다. 회사의 부당한 처우에 대한 글을 써서 지인들에게 넘기면 그 지인들이 다시 현장에서 일하는 사람들에게 글을 옮겨 읽게 한 것이다. 그렇게 한 명, 두 명, 많은 사람들이 관심을 가지게 되었다. 회사 측은 해고에 맞서 싸우기로 한 네 명 중 헌호 형과 다른 형님 한 분을 지금까지 해왔던 일과는 전혀 연관 없는 이상한 현장으로 발령을 냈다. 두 사람은 발령 받은 곳의 출근을 거부하고 아사히공장 앞으로 매일 출근했다.

공장 안으로 들어가지 못했지만 밖에서 노동조합 결성을 본격 준비하기 시작했다. 교대근무 마치는 시간을 맞춰서 노동조합에 관심을 가지고 있는 사람들과 모여 노동조합의 필요성과

정당성에 대한 이야기를 나눴다. 구미지역에서 민주노총 산하의 노동조합을 하고 있는 분들도 도움을 주셨고, 노무사 한 분도 도움을 주셨다. 공장 사람들의 반응은 다양했다. "이거 되겠나?" 하며 의심하는 사람도 있고 "안 된다"고 포기하는 사람도 있었지만, "그래도 한번 해보자" 하는 사람들이 있었다. 한 사람 한 사람 포기하지 않고 계속 설득해 가면서 노동조합을 결성해 보자는 결의를 모아냈다.

비정규직 투쟁에 희망을 담다

노동조합 결성하기 전날 밤엔 공장으로 들어가지 못했던 헌호 형을 내 차 트렁크에 태워서 경비실을 거쳐 현장으로 들어가는 일도 있었다. 야간근무를 하기 위해 50여 명이 모여 있는 휴게실로 들어가서 헌호 형이 모인 사람들 앞에서 당당하게 말했다.

"회사에서 쫓아내고 경비들이 막지만 저는 이렇게 현장에 들어왔습니다."

"마음만 먹으면 못 할 것이 없습니다."

"노동조합 만들어서 인간답게 살아 봅시다."

그때의 모습이 아직도 내 눈에 선하게 남아 있다.

그날 노동조합 가입원서를 돌리고 가입서명을 받았다. 끊임없이 현장 사람들을 만나고 이야기하고 설득한 결과 170명 중

138명이 노동조합에 가입을 했다. LG 다닐 때 모여서 이야기만 하다 끝난 경우와는 너무도 달랐다. 이곳에서 헌호 형과 다니며 배운 것들이 행동으로 옮겨져 현실이 되었다는 것에 가슴이 벅차올랐다.

그렇게 2015년 5월 29일 아사히 사내하청노동조합이 설립되었다. 그 후 우리는 현장에서 일을 시작하기 전과 끝마칠 때 둥글게 모여서 빨간 머리띠를 매고 구호를 외치고 팔뚝질을 했다. 공장 안에서는 파업가와 구호를 외쳤고, 회사 밖에서는 약식 집회를 하며 조합원 서로를 알아가기 시작했다. 참 행복한 나날이었다. 설립 보고 대회도 하고, 현장을 다니면서 많은 게 달라졌다. 물량을 맞추기 위해 서로 눈치 보는 일이 사라졌고, 쉬는 시간 1분만 늦게 오더라도 얼굴을 붉히던 모습들이 사라졌다. 관리자들은 우리의 눈치를 보며 예전처럼 대하지 못하였다.

나에게 LG에서의 노동조합 활동은 아무것도 하지 않고 가만히 있는 것이었다. 무엇을 해야 된다고는 생각하였지만 생각을 행동으로 옮기지 못하였다. 이끌어주는 사람도 만나지 못했다. 그렇게 지나가버린 LG에서의 무의미한 시간을 넘어, 지금은 아사히 비정규직지회에서 행동으로 실천하고 있다.

노동조합을 하면서 때론 후회도 하고 힘들어서 모든 걸 내려놓고 싶을 때도 있었지만, 이때까지 해온 것들이 소중하고 앞으로 어떠한 일들이 일어날지가 궁금하고 설렌다. 또한 지금까지 아사히 비정규직지회에 관심을 가져주고 지지를 해준 동지들의 의리와 믿음을 저버리고 싶지 않다. 그리고 막상 갈 곳이 없다.

"네가 한 번도 가보지 못한 곳이고, 가보면 새로운 세상을 볼 것이다." 헌호 형이 날 여기까지 이끌고 오기 전 했던 이 말처럼 우리의 끝 또한 그랬으면 한다. 길더라도 새로운 세상을 기대하며 한번 가보려 한다. 이 길에 우리 조합원들 모두 다 같이 가길 바란다.

승리하는 날,
신명나게
노래하고 싶다

이영민

이상한 용기

아사히에서 일하기 전 삼성코닝 하청업체에서 8년 정도 일했다. 거기도 유리회사였는데, 브라운관사업부가 없어지면서 폐업했다. 폐업 직전에 삼성 원청에서 하청업체에 정리금을 줬는데 사장이 거의 다 가져가고 오랫동안 일했던 우리한테는 아무것도 돌아오는 게 없었다. 진짜 억울하고 분했는데, 그때는 노동조합이 없으니까 싸워 볼 엄두도 못 내고 그냥 나왔다.

아사히는 처음 들어왔을 때는 좀 편했는데 갈수록 물량이 늘어나서 일이 힘들어졌다. 일하고 있으면 관리자들이 옆에 와서 감시하듯이 쳐다보고 있고, 유리 자르는 일인데, 옆에서 쳐다보고 있으면 성질도 나고, 그러다 보면 유리가 잘못 잘려서 불량도 나고 그랬다.

삼성코닝 폐업하고 나올 때가 마음에 남아 있어서인지, 노동조합 만든다고 하는데 이상하게 처음부터 쉽게 오케이가 됐다. 조금 지나고 나니까 노조 만들면 잘린다느니 하는 말이 나오기 시작했는데, 그것도 '그런가?' 하고 말았다. 어머님에 외할머님까지 모시고 사는 형편이지만, 그동안 일하면서 모아 놓은 돈이 좀 있으니까, 잘린다고 해도 당분간은 어떻게 버틸 수 있겠지 싶었다.

노조 만들고 한 달은 진짜 괜찮았다. 감시하고 눈치 주던 관리자들이, 그때는 거꾸로 우리 눈치를 보는 것 같았다. 회사에 인원 보충 등 우리 요구를 전하러 갈 때, 노조 간부들은 모두 노조조끼 입고 조합원들은 머리띠 매고 현장으로 들어갔는데, 그날 참 기분이 좋았다. 매일 퇴근시간이면 조합원들이 현장 건물 출입문 바로 앞에 모여 퇴근선전전을 하고 함께 정문으로 내려왔다. "노동조합 만들어서 인간답게 살아보자!" 함께 구호 외치고 투쟁가를 불렀다. 아래서 우리를 기다리고 있던 차헌호 지회장과 다른 동지는 그런 우리 모습에 눈물이 날 것 같다고 했다.

투쟁하면서 처음 배운 노래가 〈파업가〉다. "해골이 두 쪽 나도" 어쩌고 하는 가사가 처음에는 입에 붙지 않았다. 그런데 "파업! 파업! 총파업!" 외치다 보면 그전에는 몰랐던 우리의 힘이 느껴지는 기분이 들었다.

입으로는 열심히 외쳤지만 파업 한번 못 해보고 공장 밖으로 쫓겨난 건 참 안타깝다. 그렇지만 시키는 대로 일만 하던 우리들이 힘차게 구호 외치고 노래하는 걸 놀라서 지켜보던 관리자들의 모습은 지금도 기억이 난다.

노래패가 되다

1주년 투쟁을 한 달 정도 앞두고 회의하다가 노래패를 만들자는 얘기가 나왔다. 평소 노래하는 걸 좋아하거나 노래방 가기 좋아하는 사람들을 지회장이 지목했는데 나도 그중 하나가 됐다. 해고되고 초기에는 농성장에서 매일 저녁에 뒤풀이를 했다. 술 한잔 들어가면 노래하는 사람들이 몇 있었는데, 그대로 그냥 노래패가 된 거다.

뭐든 해야 하니 안 하겠다고는 못 했는데, 막상 연습 시작하고는 갈등이 많이 됐다. 술 한잔 먹고 마음이 풀어지거나 노래방에서 흥이 나서 하는 노래랑은 많이 달랐다. MR 반주에 맞춰 연습을 하는데, 우선 내가 박치라는 사실을 알고 깜짝 놀랐다. 반주는 흘러가는데 이 부분이 어딘지도 모르겠고, 아무리 들어도 틀리고 또 틀리고……. 이민우 동지가 끈질기게 구간 반복하며 연습시키느라 고생을 하는데, 나는 계속 헷갈리고. 그러다 보니 내가 빠지면 훨씬 쉽게 갈 수 있지 않을까 싶어 얘기도 해봤지만, 빠지면 노래패 끝낸다고 해서 어쩔 수가 없었다.

처음 연습한 곡은 〈열사가 전사에게〉와 〈금속노조가〉였다. 다 처음 들어보는 노래들이었다. 공연이 한 달밖에 안 남았으니 연습만이 살 길이었다. 지도해 주는 사람도 없이 우리끼리 반주에 맞춰 연습하려니 막막하고 힘들기도 했다. 천막에서도 하고 구미근로복지센터 다리 밑에서도 했다. 아침 일찍 다리 밑에 모여도, 날이 더워선지 벌써 나와 있는 사람들이 있어 눈치가 보

였다. 그래서 옮긴 데가 해마루 공원이었는데, 어느 날은 거의 해질 때까지 연습을 하기도 했다. 연습하는 동안은 매일이 정말 긴 하루였다. 노래 좋아하는 사람들이 모였다고 그냥 노래패가 되는 건 아니었다. 그래도 다들 열심히 했다.

조마조마했던 첫 공연

드디어 공연 날이 왔다. 2016년 6월 4일, '아사히 투쟁 1년 승리를 위한 금속노동자 결의대회'였다. 원래는 공장 앞에서 하기로 되어 있었는데 시청으로 모이라는 연락이 왔다. '그렇게 연습했는데 첫 공연이 없어지는구나' 생각하며 달려갔는데, 집회를 시청 앞에서 한다고 한다. 손에는 땀이 나고 다리가 후들거렸다. 혹시라도 가사를 틀릴까 봐 마음이 조마조마했다. 허상원 동지는 연습을 엄청 열정적으로 하는 바람에 목이 쉬어버렸다. 병원 가서 주사 맞고 약 먹고 했는데도 목소리가 안 나와서 고생을 했다. 그래도 모두 열심히 공연에 임했고, 함성으로 힘이 되어준 동지들 덕분에 가슴에 남는 공연이 되었다.

첫 공연을 무사히 마친 뒤 한 동지는 "다시는 나를 부르지 마라!" 한마디를 남기고 노래패에서 빠졌다. 농성장 짬장이다 보니 공연하랴 음식 준비하랴 너무 무리였던 것이다. 첫 공연은 노래패가 다섯 명 완전체로 공연한 유일한 무대가 됐고, 이후에는 네 명이 됐다.

솔직히 말하면, 노래패 하면서 오히려 노래를 싫어하게 된 것도 같다. 나는 새로운 노래 한 곡 배울 때마다 박자 맞추는 게 너무 힘들고, 다른 동지들이 너무 고생을 하니까 미안하다. 노래패장인 이민우 동지는 선곡부터 MR 구하기, 연습까지 모두 챙겨야 하니까 일도 너무 많고 힘들어 보인다. 평소에 꾸준히 연습할 상황이 안 되는데, 갑자기 공연이 잡히고 그때부터 벼락치기로 준비해야 하니 더 어렵다.

그런 와중에도 몇 군데 연대공연을 다녀왔고 우리 지회의 큰 집회에서는 빠지지 않고 무대에 섰다. 이민우, 허상원 동지는 '작은 노래패'로 구미촛불집회나 성주사드배치철회집회 무대에 서기도 했다. 그런데 다들 노래패 활동이 힘에 부쳐선지, 아직도 노래패 이름은 따로 정하지 못했다. 그래도 다들 오기가 있어서 노래패가 없어지지는 않을 것 같다.

새날이 올 때까지 흔들리지 말자

생각해 보면 함께 투쟁을 시작했던 많은 동지들이 떠나갔다. 2016년 4월, 싸움이 길어지면서 다들 개인적인 사정과 생계가 힘겹고 앞길은 막막하게 느끼던 시기에 회사는 2차 희망퇴직 카드로 우리를 흔들었다. 희망퇴직 신청 마지막 날 농성장에서 시내로 나가는 차 안에서, 동갑내기로 친하게 지냈던 친구가 "어떻게 하면 좋겠노?"하며 힘들어 했다. 알아서 잘 결정하라고 말했지만, 친구의 이야기를 들으면서 나도 마음이 아팠고 흔들리기도 했다. 결국 친구는 희망퇴직 신청하러, 나는 시민서명 받으러 구미역으로 각자 헤어졌다.

외할머님과 어머님을 모시다 보니, 투쟁의 시간이 길어지면서 나도 힘들기는 하다. 처음에는 걱정하실까 봐 해고된 걸 숨겼다. 그런데 집에 들락거리는 시간이 달라지니 얼마 안 가 알게 되셨다. 고맙게도 투쟁을 크게 반대하시지는 않지만, 가끔 속이 상하실 때면 "이제 그만하면 안 되냐?" 말씀하신다.

얼마 전에는 어머님이 나도 모르게 전셋집 계약을 하시고는 가진 돈 다 내놓으라고 하셨다. 월세를 살고 있었는데 해고 싸움이 길어지니 불안하셨던 모양이다. 덕분에 수중의 여윳돈은 없어졌지만, 월세 걱정도 없어졌다. 어머님의 응원이라고 생각해야 하는 건지, 다행인지 불행인지 잘 모르겠다.

투쟁하면서 내가 제일 좋아하게 된 노래는 〈임을 위한 행진곡〉이다. 처음 들었을 때부터 마음에 와 닿았고, 집회 때마다 부르면서 익숙해져서 그런 것 같다.

"동지는 간 데 없고 깃발만 나부껴……."

그래도 우리는 아직 스무 명이 넘는 동지들이 함께 투쟁하고 있다. 갈등의 고비도 있었지만 지금도 이 자리에 있는 건, 싸울 수 있을 때가 행복하다는 걸 알고 있기 때문이다.

"새날이 올 때까지 흔들리지 말자."

이제는 거의 매일 부르게 된 노래로 오늘도 마음을 다잡는다.

나의 새로운 도전,

몸짓패 '허공'

장
명
주

노동조합에 가입하고

아사히 오기 전에 삼성휴대폰 하청업체에서 일했었다. 모두들 삼성 계열사라고 말했지만 삼성 직원이 아니라 영세한 공장의 불안정한 하청노동자였다. 삼성 갤럭시 시리즈가 한창 유명세를 탈 때에는 일거리가 많았는데, 새로운 기술이 개발되고 신상품이 출시될 때마다 공정에 변화가 생겼다. 일하던 공정이 없어지면 공장은 폐업했고, 나 역시 자연스럽게 새 일자리를 찾아야 했다.

처음 왔을 때 아사히 공장의 노동자들은 책임감 없이 건성건성 자기 일만 하는 것처럼 보였다. 일을 못하면 관리자들이 갈구는 분위기도 만만치 않았다. 다행히 내가 일하는 곳의 형들 중에 괜찮은 사람이 있어서 힘은 들어도 일할 만은 했다. 처음에는 오프라인 절단작업을 했는데, 이 년 뒤 부서를 옮겨 CPU 공정에서 일 년을 일했다. 일할 때 여덟 명이 한 조로 교대근무를 돌아야 했는데 시간을 조금이라도 어기면 작업에 아주 큰 지장이 생기기 때문에 시간에 대한 강박이 심했다. 스트레스 많이 받고 삭막한 현장이지만, 함께 일하는 동료들이 친형제처럼 가깝게 지내면서 서로 위로가 되어주었다.

노동조합 가입하라는 얘기를 들었을 때 처음에는 살짝 겁이 났다. 노동조합 하면 잘린다고도 하고, 탄압이 엄청 많이 들어올 거라는 소문도 많이 돌았다. 걱정은 됐지만 남들 다 하는데 나라고 못할 거 뭐 있나 싶어 그냥 가입했다.

딱 한 번만 수줍음을 넣어 두고

낯가림이 워낙 심하고 누구한테 먼저 말 거는 법도 없는 성격인데, 어느 날 전조직부장이 몸짓패를 만든다며 나보고도 하자고 했다. 몸짓패가 다섯 명인데 내가 걸려든 거다. 나는 좋다, 싫다 생각도 없이 그냥 가만히 있었는데, 당연히 하는 걸로 이야기되고 얼떨결에 몸짓패가 됐다. 사실 정말 딱 한 번만 하는 줄 알았다.

노동조합 만들고 KEC 지회의 몸짓패 '창공' 공연으로 몸짓이란 걸 처음 알았다. 검은색 옷을 맞춰 입고 머리띠 두르고 절도 있는 움직임으로 공연하는데 신기하고 멋있었다. 그때만 해도 내가 몸짓패를 하게 될 줄은 꿈에도 몰랐다. 그런데 불과 한두 달 사이에 나는 몸짓패가 되어 있었고 더운 여름날 땀 흘려가며 연습을 하고 있었다. 그때 무슨 마음으로 아무 저항 없이 몸짓패를 시작했는지 지금 생각해 봐도 잘 모르겠다.

처음에는 회사 근처 다리 밑에서 휴대폰 음악 반주에 맞춰 연습했다. 그러다가 KEC 지회에서 출입허가를 얻어줘서 KEC 공장 안에 있는 몸짓패 연습실을 사용할 수 있게 됐다. KEC 지회 윤수진 문체부장이 몸짓을 가르쳐주었고 우리는 열심히 배웠다. 투쟁도 몸짓도 선배인 KEC 지회의 영향을 받아 몸짓패 이름도 '공'자 돌림으로 '허공'이라 지었다. 장난처럼 지었지만 '허를 찌르는 공연'을 선보이겠다는 의지를 담은 이름이다.

2015년 9월 5일, 우리 투쟁 100일 되는 날이 첫 공연이었다. 〈비정규직철폐연대가〉와 우리 투쟁 이야기로 개사한 〈불티〉 리믹스 버전, 그리고 전체 조합원이 함께하는 〈진짜 사장이 나와라〉를 준비했다. 혼자서 하는 것이 아닌데도 오백 명이나 되는 연대 동지들 앞에서 공연하려니 엄청 떨렸다. 무조건 잘해야겠다는 생각밖에 없었다. 자신감은 없었는데 정말 잘하고 싶었다. 처량해 보이는 길거리 무대에서 비 맞으며 혼신을 다해 공연했더니 연대 동지들께서 극찬을 해주셨다. 부끄럽기도 했지만 뿌듯했고 기분이 좋았다.

딱 한 번이라고 했었는데, 울산과학대 청소노동자 집회에 와달라는 요청이 왔다. 뜻밖이었다. 우리가 뭐 그렇게 잘한 것도 없는데 초청공연이라니! 투쟁을 잘하려면 연대도 잘해야 한다고 했는데, 몸짓 공연으로 연대할 수 있다면 해 보자고 의기투합해서 울산으로 내려갔다.

아사히 비정규직지회 몸짓패 '허공'의 인기

그렇게 아사히 비정규직지회 몸짓패 '허공'의 활동이 본격적으로 시작됐다. 입소문이 나면서 여기저기서 공연 섭외가 들어오기 시작했다. 울산에 이어 이천, 군산, 김천, 성주, 경주, 서울 등의 투쟁하는 동지들 앞에서 몸짓 공연을 했다. 한번 무대에 서니까 그 다음부터는 처음만큼 어렵지 않았다. 그러다 보니 살짝 욕심이 나서 새로운 곡을 선보이고 싶은 마음도 들기 시작했다.

2차 희망퇴직 이후에 몸짓패 인원이 세 명으로 줄었다. 8개월 동안 다섯으로 호흡을 맞춰 왔는데 셋이서 하려니 포지션도 그렇고 보완해야 할 것들이 많았다. 멋있는 게 필요했다. 격렬한 움직임이 많은 〈소나기〉와 〈파도〉를 새 레퍼토리로 정하고 KEC 지회 문체부장에게 배우며 연습을 시작했다. 다들 은연중

두 명의 빈자리를 채워야 한다는 마음이 있었는지 한동안 하루 다섯 시간을 꼬박 할애해 가며 관절과 근육을 혹사시켰다. 나는 몸을 제대로 안 풀고 연습하다가 낭패를 보기도 했고, 언젠가 〈소나기〉 공연 후에는 어깨 근육이 찢어지기도 했다. 다들 팔·다리·허리·어깨 한 군데씩은 다치고 상해 가며 혹독하게 연습한 덕분에 세 명이서 하는 몸짓패 '허공'이 자리를 잡기 시작했다.

그런데 지회장이 공연 섭외를 받아 놓고는 하루 전에 이야기하기도 하고, 이틀 전에 이야기해서 연습할 시간도 없이 부랴부랴 공연을 해야 하는 상황이 발생하기 시작했다. 처음에는 이해했지만 우리도 새로운 몸짓을 선보일 준비가 필요하니 조금 일찍 알려 달라고 했는데 좀처럼 고쳐지지 않았다. 결국 본의 아니게 '몸짓 파업'도 여러 번 했고, 공연 약속을 지키지 못하는 시행착오도 겪으면서 내부 시스템을 정비했다. 송동주 문체부장이 지회장과 공연 섭외 들어오는 것을 조율하고 팀원들과 소통해서 2~3주 진에는 미리 스케줄을 짜고 연습해서 공연 나가는 식으로 체계를 갖추어 갔다. 그러면서 새 몸짓도 여러 곡 준비할 수 있었다.

몸짓 공연으로 동지들에게 보답하고 싶다

몸짓패 초반에는 티격태격하는 것도 있었지만, 외모 못지않게 연배도 비슷하고 오랫동안 함께하다 보니 이제 '허공' 세 명은 형제 같은 동지들이 됐다. 일정 소화하면서 새 몸짓 준비하고 연습하는 게 쉽지 않지만, 부대끼며 함께한 시간만큼 서로를 잘 알게 됐고, 술잔 기울이며 깊은 얘기도 털어놓는 사이가 됐다. 마음 맞는 동지들과 계속 새로운 도전을 할 수 있다는 것도 즐겁고, 호응해 주고 환호하는 동지들과 교감하는 순간의 희열도 크다. 서빙하고 카운터 보다가 계획에 없이 불려 나간 서울 후원주점에서 몸도 안 풀고 〈소나기〉까지 몇 곡의 깜짝 공연을 했었는데, 그런 경험마저 기분 좋은 추억이 될 만큼 말이다.

투쟁하면서 참 많은 동지들로부터, 단체들로부터 연대를 받아왔다. 우리가 할 수 있는 것이 몸짓이라면 공연으로 보답하고 싶고, 연대하고 싶다. 우리의 몸짓 공연으로 투쟁하는 동지들이 힘을 받는다면 그것으로 족하다. 우리도 몸짓 공연하면서 힘을 받고 돌아오기 때문이다. 힘든 투쟁사업장에 가서 공연할 때는 마음이 많이 아프다. 그래서 더 혼신을 다해 공연에 열중한다.

처음엔 투쟁 때문에 억지로 하게 됐지만, 이제는 현장으로 돌아가도 몸짓패 활동을 계속하고 싶다. 복직하면 '허공' 2기생들을 모아야겠다고 우스갯소리도 한다. 사실 겨울에 얇은 옷 입고 춤추는 것도, 더운 여름에 세 곡씩 연달아 몸짓을 하는 것도 정말 힘들다. 나이도 있고 해서 체력이 안 따라줄 때가 많다. 그러니 몸짓패 활동하는 젊은 후배들을 키워야겠다는 생각이 굴뚝같다. 내가 바라는 건 우리가 무대 위에 올랐을 때 "아, 저 사람들 아사히 비정규직지회 몸짓패 '허공'이야" 하고 동지들이 알아봐 주시는 거다. 그게 우리에게는 최고의 보람이고 공연비이다.

맨몸으로 버틴

천막농성장

강제철거

김
성
한

비상이 걸렸다

2016년 4월 21일, 행정대집행 들어오기 전날 밤이었다. 지회에서 긴급 상황이라며 전체 조합원들을 모았다. 2차 희망퇴직으로 떠나갔던 동료들 사이에서 곧 천막이 철거되고 싹 다 치울거라는 이야기가 흘러나왔었다. 언제가 될지 알 수 없으니 한 귀로 듣고 흘렸는데, 누군가 내일 구미시가 천막농성장 다 철거할 거라는 정보를 줬다고 했다. 어떻게 할지 의논을 했다. 철거를 다 막기는 현실적으로 어렵겠지만 최선을 다해 막아 보고, 다 뜯겨나가도 우리 잠 잘 천막 한 동만은 지켜내자고 의견을 모았다. 그리고 행정대집행이 들어와서 철거할 때 최대한 시간을 끌고 막으면서 이 사건을 세상에 알리고 공론화되도록 노력하기로 했다. 공무원과 경찰 들이 우리보다 수십 배로 많이 들어온다면 무슨 수로 이길 수 있을까. 그렇다 해도 천막 한 동은 지켜야겠다고 나도 마음을 굳게 먹었다.

조합원들이 모두 모여 머리를 맞대고 구체적으로 어떻게 할지를 고심했다. 구미시청 앞에도 천막농성장이 있었기 때문에 거기도 지킬 사람이 필요했다. 조합원 중 다섯 명은 구미시청을 맡고, 나머지는 공장 앞 천막에 집중하기로 했다. 촬영할 팀을 빼고 조합원들과 최일배 사무국장 등 열두 명이 천막과 몸을 밧줄로 묶기로 했다. 최대한 버티기에는 좋은 방법이라는 생각이 들었다. 사람이 천막에 묶여 있는데 설마 막 철거할 수는 없을 테니까 말이다.

농성장 천막에 밧줄로 몸을 묶고

구미시청 앞 농성장을 철거하는 데 시간이 꽤 걸릴 거라고 생각했는데 순식간에 끝났다는 소식이 전해졌다. 무섭다는 생각은 별로 없었지만 깜짝 놀랐다. GTS 폐업하기 전에 조합원들의 공장 출입이 막히면서 정문 지키는 용역들이랑 실랑이를 많이 했었고 몸으로 부딪치는 경우도 종종 있었다. 충돌이나 부상 걱정은 별로 안 했지만, 철거는 처음 당하는 일이라 정말 할까, 긴가민가했다. 그래도 천막 한 동은 꼭 지킬 수 있을 것 같았다. 아니, 지켜야겠다는 생각밖에 없었다.

행정대집행을 한다고 어마어마한 인원이 몰려와서 놀랐다. 경찰들도 많았는데 우리를 지켜주기 위해서 온 것 같지는 않았다. 천막을 보호하기 위해 주차해 놓은 차들을, 공무원들이 렉카업자를 불러 한 대씩 빼내기 시작했다. 막아서던 조합원 한 명이 발을 다쳐 구급차에 실려 나갔다. 차들을 다 빼내자 철거

전담 용역들이 천막을 마구 뜯어내기 시작했다. 사람의 목과 몸이 밧줄에 묶여 있는데도 아랑곳하지 않았고 절단기까지 동원했다. 천막 기둥을 뒤에서 확 당기고 천막을 거침없이 난도질했다. 밧줄에 묶인 채 앞으로 쏠렸다 뒤로 쏠렸다 하면서, 맨몸으로 천막을 지키는 게 우리가 할 수 있는 전부였다.

그러다 밧줄이 확 당겨지면서 바로 옆에 있던 종섭이 형의 목을 조였다. 순간 숨을 못 쉬는 것 같고 혼수상태가 온 것 같았다. 깜짝 놀라 구급차를 불러댔지만 경찰도 공무원도 신경 쓰지 않았고 철거작업은 이어졌다. 종섭이 형이 어떻게 될까 싶어 겁이 덜컥 났다. 구급차 불러 달라고 소리소리 질러대고 허상원 조직부장이 달려와 항의하면서야 잠시 멈췄다. 공무원과 경찰이 현장에 있고 구미시가 지휘하는 일인데도 사람 목숨은 염두에 없었다.

연행 넷에 부상 넷, 강제철거된 농성장

철거 당시 차헌호 지회장은 방송차 위에 올라가 구미시와 경찰을 향해 소리쳤다. 그리고 수백 명의 용역들을 향해서도 호소했다. "돈의 노예가 되지 맙시다. 하루 얼마 받는다고 양심을 파십니까?"

굵은 비가 쏟아지고 잘못하면 미끄러져 크게 다칠 수 있는 상황인데도 경찰은 지회장을 범죄자 취급하며 끌어내리는 데

© 뉴스민

만 몰두했다. 항의하던 동지들을 연행하던 경찰은 지회장도 폭
력적으로 끌어내렸고, 네 명을 공무집행방해 혐의로 연행해 갔
다. 몸이 묶여 있어 어떻게 해볼 수도 없었지만 정말 이렇게까
지 해야 하나 싶어 속이 쓰렸다.

　내리는 빗속에서 다섯 시간을 버텼지만 천막은 철거됐다. 다
친 조합원들은 병원으로 옮겨졌다. 나는 한 달 전에 교통사고를
당해서 후유증으로 몸 상태가 좋지 않았는데 설상가상으로 또
다쳤다. 정말 해도 너무한다는 생각이 들었다. 문자 한 통으로
해고당한 것도 억울한데, 밑바닥까지 떨어진 사람들이 살아보
겠다고 친 천막을 이렇게 무지막지하게 철거하다니! 우리가 밧

줄까지 묶고 저항할 때는 그만한 이유가 있는 건데 말이다. 철거를 할 때 남유진 구미시장이 찾아온 것이 보였다. 철거 잘 하고 있는지 둘러보고 가는 것 같았다. 우리도 구미시민인데, 시장이 어떻게 저러나 싶었다. 섭섭하고 야속했다.

병원에 실려 간 사람은 네 명이었다. 병원에서는 처음엔 입원하라고 하더니 갑자기 말을 바꿔 통원치료를 하라고 했다. 둘은 치료받고 돌아가고 심각한 부상을 입은 종섭이 형과 허리 통증이 심한 나는 입원했다. 병원 휴게실에서 담배를 피우는데, 옆에서 오늘 일당 8만 원 받고 4공단에 갔다 왔다는 말소리가 들렸다. 행정대집행에 투입됐던 용역이, 끝나고 누군가의 병문안을 온 것 같았다. 거기서 다쳐 입원했다고 이야기하며 어색하게 몇 마디 나눴다.

행정대집행이라고 하지만 공무원과 경찰보다 몇십 배는 많은 용역들이 왔고 정작 철거작업에 직접 투입된 건 그 사람들이다. 전혀 알지도 못하고 아무 악감정도 없는 사람들이, 먹고살기 위해서 남의 천막농성장 뜯어내는 일이라도 해야만 하는 현실이 씁쓸했다. 가난한 사람들을 이용하고 사람 목숨 가지고 장난치는 행정대집행을 인정할 수 없었다. 도저히 가만히 있을 수 없어서 종섭이 형이랑 구미시청에 따지러 가자고 의논하고, 지회에 이야기했다.

구미시의 배상을 받아내다

다음날 전체 조합원이 구미시청으로 찾아갔다. 조합원들이 먼저 구미시청에 도착해 시장 면담을 요구하고, 나랑 종섭이 형은 환자복에 슬리퍼를 신고 병원을 나섰다. 구미시청은 이미 정문이며 현관문을 잠그고 우리를 막아섰다. 전날 그렇게 당하고 또 문전박대라니, 그냥 물러설 수 없었다. 종섭이 형이랑 나는 정문 앞에 바로 드러누웠다. 사과할 때까지 일어나지 않을 생각이었다. 한 시간을 누워 온몸으로 항의했지만 구미시청은 완전 무응답이었다. 구미시장 얼굴을 보면 욕이라도 퍼붓고 싶었다. 이전에도 구미시장 자동차에 우리 조합원이 치인 사고가 있었지만 사과 한마디 없었다. 기본이 안 된 구미시청에 분노가 치밀었다.

천막농성장 때문에 구미시민들이 불편해서 철거는 당연히 해야 할 행정절차라는 게 그들의 입장이었다. 너무 억울해서 그냥 넘어갈 수 없었다. 다음날 또 찾아갔다. 위험한 철거를 강행해서 사람을 다치게 하고도 아무 일 없었다는 듯 모른 체하는 구미시장에게 면담과 사과를 요구했다. 치료비랑 망가진 앰프 비용도 당연히 받아내야 했다. 역시 반응이 없었다. 그 다음날도 또 찾아갔다. 여전히 모르쇠다.

오기가 생겨서 공무원 출퇴근 시간에 맞춰 우리 조합원들도 구미시청으로 출퇴근했다. 구미시청 앞에, 시청 가는 길에, 주변 공원에 선전물을 세워 두고 우리가 무슨 일을 당했는지 시민

들에게 알렸다. 운 좋게 시청 안에 들어가게 된 날은 민원실이
며 시장실 앞에서 우리 방식대로 항의를 했다. 그렇게 열흘 정
도 조합원들이 구미시청을 들쑤셨더니, 그만 오시면 안 되느냐
는 둥 회유하던 시청 직원들이 논의를 해보겠다고 했다.

결국 남유진 구미시장은 농성장 철거에 대해 유감을 표명했
고 구미시는 440만 원을 배상했다. 멀쩡한 농성장을 다 부수며
사람을 다치게 하고 해고된 비정규직 노동자들의 절박한 싸움
을 짓밟은 대가를 돈으로 따질 수는 없다. 하지만 정당한 행정
대집행이라고 우기기만 하던 그들의 태도 변화는 의미 있는 일
이라고 생각한다. 구미시청 항의가 끝나니 곧 노동절이었다.
2016년 노동절 결의대회는 우리 공장 앞에서 열렸고, 연대 동
지들과 함께 새로운 농성장을 설치했다. 일 년이 지난 지금까
지, 우리 농성장은 잘 지켜지고 있다.

투쟁의 눈물과

우리의 희망이 담긴

농성장

이
민
우

설렘과 희망으로 시작한 노동조합

2015년 5월 29일, 노동조합이 설립됐다. 길게는 몇 개월에서 보통 5~6년 넘게 일해 온 동료들의 얼굴을, 노동조합 만들고 제대로 처음 마주했다. 이 모든 사람들이 일하고 있었다는 게 신기했고 반가웠다. 오랜 시간 같은 공간에서 일하면서도 서로 이름조차 알 기회가 없었다. 삶에도 관계에도 여유가 없었고 생산 물량에 치여 일만 해온 게 우리 현실이었다. 도로에 자리를 깔고 앉아, 내 평생 듣도 보도 못했던 새로운 현실이 시작됐다. 그렇게 처음은 설렘과 희망이 함께였다.

노조 설립한 지 한 달 된 6월 30일, 황당한 문자가 왔다. 해고! 힘든 여정이 시작됐다. 노동조합에서 대외협력부장이라는 직책을 맡게 됐다. 그냥 하면 된다고 해서 몇 번을 고사하다가 결국 맡았지만, 노조의 '노' 자도 모르는 상태였다. 직책의 무게가 나를 조여 왔고 벽에 부딪히는 느낌이었다. 뭘 해야 하는지 누구도 알려주지 않았고 나도 굳이 묻지 않았다. 시간이 지나면서 점점 뭘 해야 하고 어디까지 해야 하는지 감이 오기 시작했지만, 자신감이 생기지 않았다. 성격적으로 내가 잘할 수 있는 일도 아니었다. 나로 인해 피해가 갈 수도 있다는 생각에 그만두려고 했지만 어쩔 수 없었다. 더 고집을 부릴 수도 없어 내가 할 수 있는 걸 찾아서 하자고 스스로를 다독였다.

농성장을 짓고 정비하는 일

7월부터 공장 앞, 거리의 생활이 시작됐다. 뜨거운 여름, 당장은 햇빛을 피하는 게 급선무였고 일단 한 해 버티는 농성장을 지어야 했다. 농성장이라고는 가본 적도 없고, 천막이라고는 운동회나 무슨 행사 때 본 게 전부였다. 다행히 손으로 하는 작업은 자신이 있었다. 자연스럽게 농성장 짓고 정비하는 일에 나서게 됐다.

처음 천막 한 동으로 시작한 농성장은 불편하고 허름했다. 필요한 재료를 살 수 있는 조합비도 부족하고, 끌어다 쓸 수 있는 물도 전기도 없었다. 그래도 동지들과 손발 맞춰 가며 부대끼다 보니 덜렁 천막만 있던 농성장에 문틀에 창틀, 서랍장 등 필요한 것들이 만들어졌다. 쉬기도 해야 하고 밤에는 잠도 자야 하니 바닥재를 보강하고 전기공사도 마쳤다. 천막 한 동을 더 짓고 주방동까지 따로 만드는, 그야말로 무에서 유를 창조하는 작업이었다. 나름대로는 스스로 할 수 있는 일을 찾아서 열심히 하겠다고 달려들었고, 덕분에 농성장은 우리 투쟁의 거점이자

그럭저럭 마음 편한 안식처로 완성이 됐다.

허름하지만 우리의 희망이 담겨 있던 농성장

　그렇게 여름과 가을, 겨울이 지나고 어느 봄날. 굵은 소낙비가 오는 새벽, 나는 잠을 이루지 못하고 날이 밝기만 기다렸다. 2016년 4월 21일은 구미시청 앞 농성장과 공장 앞 농성장에 행정대집행이 예고된 날이었다. 착잡한 마음에 이런저런 생각이 오갔나.

　철거 당일 나는 사진 촬영을 하기로 했는데, 철거가 시작되고 얼마 지나지 않아 연행됐고 차 안에 갇혔다. 동지들은 다섯 시간이나 비를 맞으며 버티고 있고, 내리는 비 때문에 보이지도 않는 차창 밖을 지켜보며 타는 속을 달래야 했다.

짓고 생활할 때는 그저 공간이었지만, 그 허름한 농성장이 우리 투쟁의 꿈이고 희망이었음이 새삼 느껴졌다. 한편 '그래, 어차피 철거할 거면 해라. 또 새로 짓지 뭐' 하는 생각도 들었다. 꿈도 희망도, 우리가 포기하지 않으면 다시 우리의 것이 된다. 천막 한 동이라도 지키기 위해 열두 명의 동지들이 목에 밧줄을 감고 버텼지만, 농성장은 결국 철거됐다.

투쟁과 연대로 농성장을 다시 짓고

2016년 5월 1일, 공장 앞에서 노동절 결의대회가 열렸다. 동지들과 함께 다시 농성장을 설치했다. 볼품없고 뼈대만 앙상한 천막이지만 연대의 힘으로 두 번째 농성장을 세웠다. 천막농성으로 사계절을 보낸 경험 덕분에 첫 번째와는 구상부터 달랐다. 여름도 나야 하고 겨울도 나야 하고, 우리 동지들이 모여서 교육도 회의도 할 수 있어야 하고, 연대 동지들이 오면 편하게 잘 수 있는 공간적인 여유도 고려해야 했다.

여러 가지를 염두에 두다 보니 결국 가건물을 짓기로 의견이 모아졌다. 철근으로 기둥을 올리고 용접도 하고 공구리도 치고……. 튼튼하고 안전하고 안락한 우리만의 공간을 짓기로 하고 자재를 사러 갔는데 너무 비싸서 중고로 샀다. 기둥을 세우고 한참 작업하고 있는데 시청에서 트럭을 끌고 와서 가건물이라며 제지를 한다. 실랑이를 하다가 나무로 짓는다고 무마해 돌려보내 놓고, 아예 공사장처럼 그늘막으로 가림막을 치고서 작업했다. 돕는 손이 많다 보니 이틀 만에 완성됐다. 수십 명이 둘러앉을 수 있는 생활 공간과 취침선용 공간, 식당과 주방으로 사용하는 공간이 완성됐다. 지금의 농성장이다.

어디든 연대를 가면, 우리 투쟁을 아는 동지들은 우리 농성장에 연대하러 올 때 준비할 것도 없고 그냥 마음 편히 가면 되니 좋다고 얘기한다. 농성장이 집처럼 편안하다고, 오성급 호텔이니 칠성급 호텔이니 하는 칭찬을 듣기도 한다. 가끔은 농성장에 오는 동지들이 도대체 언제까지 투쟁하려고 이렇게 튼튼하게 지었냐고 묻는다. 이렇게 지어 놨으니 한 십 년은 투쟁해야 되지 않겠냐고. 두 번째 농성장 지으면서 우리끼리는 농담 반 진담 반으로 나중에 복직하면 함바집으로 쓸 수도 있고 우리끼리 모여서 놀 수도 있게, 튼튼하게 짓자고 했었다.

농성장 보수와 현수막 쓰기는 '이 반장'에게

투쟁하면서 다른 농성장에도 많이 가는데, 아무래도 유심히 보게 된다. 여기저기 짐이 쌓여 있고 좁고 정리 안 된 농성장을 보면, 힘들게 투쟁하는 동지들이 제대로 쉬지도 못할 것 같아 안타깝다. 서울 상경투쟁으로 시국농성장에서 며칠 지내고 온

조합원들은 우리 농성장에 오면 "집에 왔다"고 얘기하곤 한다. 아사히 농성장에 와 본 동지들 사이에 알음알음 소문이 나서, 이제는 다른 투쟁사업장에서 농성장 짓거나 보수할 일이 있을 때 아사히에서 와 췄으면 좋겠다는 연락도 해 온다. 은근히 신경도 쓰이고 품도 드는 일이지만 기쁘게 달려가 연대하는 것도 보람이다.

이것저것 고치고 만드는 일을 많이 하다 보니 언젠가부터 현수막도 직접 쓰게 됐다. 어렸을 때부터 손으로 하는 작업에는 집중을 잘 하는 편이어서 적성에도 맞다. 현수막을 그냥 주문해서 맞출 수도 있지만 응원의 마음을 직접 손글씨로 전할 때 느껴지는 감동이 있다. 이제는 많이 안 하는 수작업이라 성의도 좀 더 담을 수 있고, 받는 동지들도 각별한 마음이 되는 것 같다. 지난 연말에는 큰 걸개에 아사히 동지들의 응원을 담아 한국지엠 창원 비정규직지회에 보냈는데, 3일 뒤에 승리했다는 소식을 들어 더 뿌듯했다.

복직한 공장에서
농성장이 추억이 되는 날을 기다리며

나름대로 내가 잘할 수 있는 걸 찾아서 하다 보니 어느새 '이반장'이 되어 농성장 보수나 수리, 현수막 작업을 도맡고 있다. 물론 보람 있지만 가끔은 난처하기도 하다. 필요한 동지들은 각자 한 가지씩 사소하게 이야기하지만, 그게 다 모이면 적잖은 일이 된다. 내가 무슨 전문가도 아니고, 그래도 한번 시작하면 제대로 끝까지 해내야 직성이 풀리고, 또 맡은 일은 일대로 해야 하고……. 가끔은 빨래 돌릴 시간도 없어 입을 속옷도 없을 만큼 내 생활이 안 될 때도 있다. 그럴 때면 솔직히 버겁다.

하지만 농성장은 투쟁하는 우리들에게 물리적으로나 심리적으로 안정감을 주는 중요한 공간이다. 또 우리 투쟁의 꿈과 희망을 담은 거점이기도 하다. 다시 지을 수 있는 힘을 준 것은 연대 동지들이었고, 그 힘을 발판으로 새로운 농성장을 만들 수 있었던 것은 지회 동지들이 있었기 때문이다. 투쟁의 하루하루가 고스란히 담긴 이 농성장에서, 우리는 두 번째 봄을 맞는다. 다음해 봄에는 동지들과 복직한 공장에서 '농성장의 추억'을 이야기할 수 있다면 좋겠다.

국경을 넘은

연대의 감동

민
동
기

일본 원정 투쟁을 떠나다

2015년 6월의 어느 날, 우리들은 이마에 붉은색 머리띠를 하고 '단결 투쟁'이란 글자가 새겨져 있는 조끼를 입고 현장에서 일을 하고 있었다. 조·종례 시간이 되면 "투쟁!"이라는 단호한 목소리와 "노동조합 만들어서 인간답게 살아보자"는 구호가 현장 안을 뒤덮으며 메아리 친다. 믿기 힘들겠지만 구미에서 최초로 비정규직 노동조합을 설립한 우리 동지들의 목소리이다.

수년 동안 개같이 일해도 돌아오는 것은 최저임금, 견딜 수 없는 노동탄압과 인권침해였다. 이런 것들로 인해 우리는 민주노조 깃발을 세우게 되었다. 하지만 기쁨도 잠시, 비정규직의 서러움과 고통이 느껴지는 일들이 벌어졌다. 원청(아사히글라스)의 억압과 하청의 동조로 만들어진 폐업과, 문자로 전달된 해고 통보. 우리는 출근 저지를 당하며 절망하고 분노할 수밖에 없었다. 하지만 이렇게 무너지기 싫었고, 우리가 할 수 있는 투쟁의 길을 이어가기로 결의했다.

그해 7월 아사히글라스 본사가 있는 일본에 원정 투쟁을 가기로 계획을 세웠고, 나도 참가하기로 했다. 다행히 일본에 있는 도로치바(일본 국철치바동력차노동조합)에서 연대해 주기로 하였고, 우리는 작은 기대를 가슴에 품고 일본행 비행기를 탔다.

아사히 본사 항의방문

나리타 공항에 도착하니 "아사히 동지들, 환영합니다"라는 한글로 된 플래카드가 보이고, 그 뒤로 나이가 많아 보이는 분 (우루시자키)이 반갑게 맞아주었다. 우리는 잠시 당황했다. 일본은 젊은 동지들이 많을 거라고 생각했기 때문이다. 우리는 위원장(다나카)과 몇 명의 노동자들과 간담회를 가지고, 한국에 있는 외국인투자기업(아사히 자본)에서 노동자들이 겪는 서러움과 노동탄압 등 우리가 겪은 일들에 대해 열변을 토했다.

그렇게 연대의 힘을 기대하며 4박 5일의 일정을 시작했다. 먼저 본사 항의방문이 급선무였기에 본사가 있는 도쿄로 향했다. 일본 동지의 안내로, 목이 꺾어져라 올려다봐도 꼭대기가 보이지 않는 건물 앞에 도착했다. 아사히 본사에 도착한 것이다. 어마무시한 덩치의 건물을 보니 떨리기도 하고, '항의라도 할 기회가 있을까?' 하는 생각이 뇌리를 스쳤다. 하지만 알고 보니, 수십 층 중에서 세 개 층만이 아사히 본사였다.

몇 번의 연락 끝에 본사 간부와 1층 로비에서 만날 수 있었다. 한 시간 넘게 한국 상황을 이야기하고 항의를 하였지만 돌아오는 대답은, 알아보겠다, 모르는 얘기다, 한국 회사에는 관여하지 않는다, 뿐이었다. 화가 치밀고 욕이라도 하고 싶었지만 차마 하지 못한 채 돌아와야 했다.

　일본 동지들은 우리가 한국으로 돌아가더라도 계속해서 항의방문과 투쟁을 하겠다는 약속을 해주었다. 그 말을 위안으로 삼으며 본사 앞에서 작은 집회를 하고 시민들에게 유인물을 배포했다. 하지만 놀랍기도 하고 실망스럽기도 했다. 지나가는 거의 모든 사람들 복장이 '모나미 볼펜' 같았다. 하의는 블랙, 상의는 화이트. 뭔가 모를 거리감을 느끼며 '유인물을 받을까?' 걱정했는데, 서른 장 정도 배포하는 데 40분이 넘게 걸렸다. 앞만 보고 지나가는 사람, 인상 쓰는 사람, 받기 싫어 뛰어가는 사람……. 정말 주는 손이 부끄러울 정도였지만 일본 동지들은 본래 그렇다는 듯 편안해 보였다. 나중에 물어보니 지역 성향이 많이 다르다고 한다. 어릴 때부터 교육받는 것 중 하나가 "남에게 폐를 끼치지 말아라"라고 한다. 그것이 도쿄에서 좀 더 심할 뿐이라고 한다. 우리가 유인물 배포하는 것이 그들에겐 매우 불편했던 모양이다.

　다음날은 일본 최대의 공업지역 게이힌에 있는 일본 아사히글라스 공장 앞에서 출근 선전전과 유인물 배포를 하기 위해 새벽부터 나섰다. 한국의 공단 모습을 생각하고 갔는데 뜻밖의 풍경에 놀랐다. 촌동네 같은 곳에 공장들이 들어서 있었고, 아사히글라스 공장은 기찻길 건널목 옆에 붙어 있었다.

우리는 기분 좋게 출근 선전전과 유인물 배포를 시작했다. 어제 도쿄의 모나미 노동자들과는 달리 웃음기 있고 생기 넘치는 노동자들을 만나며 서로가 기분 좋게 유인물을 주고받았다. 어떤 노동자는 무슨 일인지 물어보기도 했고, 얼마 안 가 가져간 유인물이 동이 났다. 같은 노동자이고 같은 인간인데도 살아가는 환경이 달라서 그런지 여기 노동자들에게서는 출근하기 싫어서 인상 쓰거나 귀찮아 하는 표정을 볼 수가 없었다. 그런 모습이 부럽기도 하고 한편으로는 자본가들이 노동자 환경을 잘 개선시켜 주는가 의구심이 들기도 했다.

일본 동지들과의 연대

일본 동지들의 연대의 힘은 상상했던 것 이상이었다. 생각지도 못한 기자회견 요청으로 일본 주요 언론에 기사가 실려 우리의 얘기를 좀 더 알릴 수 있는 계기가 되었고, 일본 국회 앞 집회에서도 일본 동지의 도움으로 발언권을 얻어 한국 노동자들이 외투기업(외국인투자기업)에 당하고 있는 일들을 알릴 수 있었다. 그들의 연대가 없었다면 이루어내지 못할 일들이다.

일본 원정 투쟁 기간 동안 하루에 열 시간 정도를 매일 걸어서 이동해야 했다. 더운 날씨 속에 먼 거리를 걸으며 점점 지쳐갔다. 한 걸음 한 걸음 걸을 때마다 전해지는 다리와 허리의 고통은 이루 말할 수가 없다. 순간 눈물도 조금 흘러나왔다. 타국에 와서 왜 이리 고생을 해야 하는지, 난 무엇 때문에 이곳에 와 있는 건지, 여러 가지 생각이 뇌리를 스치며 중간에 포기하고 싶기도 하고 한국에 동지들이 있는 곳으로 가고 싶었다.

그러다 문득 옆을 보니 일본 동지들이 힘든 내색도 없이 옆에서 같이 걸어주고 있는 것이다.

'이분들은 무엇 때문에 자기 일도 아닌데, 이렇게 우리를 위해 열심히 하는 것일까?'

좀 전까지 한 나의 생각이 부끄럽게 느껴졌다. 햇볕이 따가워 얼굴이 붉게 익었는데, 부끄러움에 더욱 붉어진 기분이 들었다. 곁에서 디딤목이 되어주는 일본 동지들과 우리 소식을 기다리고 있을 한국의 동지들을 생각하며 다시 힘을 내어 걸었다. 잠시 했던 안일한 생각을 반성하며 일본 동지들과 함께 남은 원정 투쟁을 이어나갔다.

그렇게 소중한 성과들을 이루며 하루하루가 지나고 마지막 밤이 찾아왔다. 일본 동지들과의 마지막 밤이란 아쉬움에 쉽사리 잠을 청할 수 없었다. 4박 5일의 마지막 날 아침, 우리는 도로치바 동지들과 작별 인사를 나누며 연대의 끈을 놓지 않으리라 약속하였다. 그 순간 일본 동지들이 또 하나의 감동을 주었다. 4박 5일 동안 모아둔 성금으로 우리 체류비를 해결하고, 남은 성금까지 우리 투쟁기금으로 전달해 주었다. 또 눈물이 났다. 감동이 밀려왔다.

국경을 넘은 연대와 투쟁으로

일본 원정 투쟁 4박 5일은 짧은 시간이었지만 우리에겐 너무도 큰 힘과 용기가 되어주었다. 젊은 동지들보다 나이 많은 동지들이 더 많은 일본 노동조합 활동을 보면서 부럽기도 하고 힘이 되기도 했다. 중요한 것은 나이가 아니라, 무엇인가 하려는 굳은 마음과 함께하는 동지애이고, 그것이 우리들의 투쟁 의지를 북돋우는 것 같다.

4박 5일 동안 힘든 내색 한 번 없이 우리를 위해 연대해 준 일본 동지들을 보며, 우리 또한 연대를 필요로 하는 곳은 언제든지 달려갈 것이라고 다짐했다. 정말이지 연대가 무엇인지, 왜 필요한 것인지, 누구를 위한 것인지, 이번 계기로 많이 알게 되었다.

물론 구미에도 처음부터 지금까지 우리와 함께하며 연대가 무엇인지 깨우쳐 준 동지들이 있다. 금속노조 KEC 지회 김성훈 지회장과 조합원들이다. KEC 동지들이 아니었다면 지금의 아사히 비정규직지회 민주노조 깃발은 없었을 거라는 말에 우리 동지들도 동감할 것이다.

KEC 지회와 도로치바 같은 맑은 동지들이 곁에 있어 주어서 우리 아사히 또한 밝은 미래를 보며 투쟁할 수 있지 않은가 생각해 본다.

가시넝쿨을 넘어 푸른 초원을 혼자만 빨리 가려 한다면 오도 가도 못하는 외로운 싸움이 될 것이며, 동지들과 같이 한다면 조금 늦더라도 한 걸음 한 걸음 가시넝쿨을 정리하며 함께 초원에 도착할 수 있을 것이다. 푸른 초원에 도착하여 뒤돌아본다면 깨끗한 그 길 위로 많은 동지들이 따라와 함께 기쁨을 만끽할 수 있지 않을까.

우리의 투쟁이 언제 끝날지, 언제 승리의 날이 될지는 모르겠지만, 지금 당장 힘이 들더라도 혼자라는 생각을 접고 동지들과 연대하면 좋겠다. 그래서 함께 승리하여, 전국에 싸우고 있는 노동자들이 모두 함께 웃는 그날이 오기를 바래 본다.

밥하는 것이

나의 투쟁

+ + + +

+ +

+ + +

조리담당

짬
장

딱 한 달

반신반의하는 마음으로 노동조합에 가입했다. 노동조합이 노동자를 위한 거라는 건 알고 있었지만, 방송에서 접했던 노동조합은 쇠파이프 들고 싸우는 과격한 모습이었다.

'회사가 얘기 안 들어주면 우리도 그렇게 싸워야 하나? 노동조합 하면 분명 잘릴 텐데…….'

하지만 관리자들 하는 것도 짜증나고 일도 스트레스 받던 참이라, 어차피 때려치울 거 한번 해보자는 마음이 더 컸다.

그런데 노조에 가입하니 원청·하청 관리자들의 태도가 눈에 띄게 달라졌다. 잔소리도 안 하고 우리 하고 싶은 대로 할 수 있었다. 그동안 억압 받으면서 일했던 것에 대한 보상처럼 현장 안의 생활이 재미있어졌다. 그러나 딱 한 달이었다.

전기공사 한다고 휴무라더니 문자 한 통으로 해고란다. 어처구니가 없고 무슨 상황인지 몰라서 회사에 가 봤더니 동료들이 모여 있다. 정문은 닫혀 있고 정직원들이 다 막고 있었다. 우리가 일했던 사내하청업체 GTS는 도급계약 해지라고 들어갈 수 없다고 했다. 어제까지 사용하던 물품이 현장 안 옷장에 고스란히 있는데 출입금지라니……. 어떻게 이런 일이 벌어지는 걸까? 지금까지 노동자로 살면서 쫓겨난 적은 처음이었다. 그래서 더욱 화가 났다.

천막 주방장이 되다

논의한 끝에 공장 앞에서 노숙농성을 시작하기로 했다. 처음 며칠은 집에 가서 밥을 해결했는데, 농성장 차리고 주방도 만들고 하면서 국은 직접 끓이고 밥이랑 김치는 외부에서 조달해 끼니를 해결했다. 사람이 많으니 그것만도 한 끼에 적잖은 돈이 들어갔다. 처음에는 노조 간부들이 식사 준비를 했는데 일정이 너무 바빠서 내가 발탁됐다. 공장에서 일할 때 가끔 같은 라인 동료들이랑 족구하면서 야외에서 뒤풀이를 했었다. 족구장이 집이랑 가까워서 미리 손질해 놓은 재료를 가져와 공원에서 제육볶음이니 어묵탕 같은 안주를 내가 직접 만들어 함께 먹었는데, 그 덕분에 내가 주방장이 된 거다.

막상 길거리에서 밥을 한다니 이해도 가지 않고 한편으로는 서글펐다. 시작하는 첫날, 수십 명 식사 준비를 해 본 적이 없으니 재료의 양을 어떻게 잡아야 할지 감이 안 왔다. 식당 경력자 조합원의 도움을 받아 양을 체크하고 나니 이번엔 입맛에 맞게 하는 것이 문제였다. 몇 명의 조합원들이 함께 간을 봐 가며 노

© 엉겅퀴

력한 끝에 첫 식사가 완성됐다. 흰머리가 오십 개는 생기는 것 같은 긴장 속에 준비했는데, 조합원들의 반응이 괜찮았다. 그나마 다행, 안심이었다.

내친 김에 한 푼이라도 아껴 보려고 뒤풀이 안주를 만들기 시작했다. 철야농성하면서 초반에는 매일 1인당 만 원씩 내서 안주를 사 먹었는데, 부실하고 돈도 아까웠다. 연대 동지들이 농성장에 왔을 때도, 직접 만든 음식을 함께 먹으면 더 정이 쌓이고 좋을 것 같았다. 그런데 막상 하려니 메뉴 선정이 쉽지 않왔다. 집에서 안주로 해 먹었던 닭발을 했는데 많은 동지들이 좋아했다.

투쟁 시작한 지 어느덧 100일, 진짜 큰일이 다가왔다. 문화제 하는데 500명 식사를 준비하라는 거다. 앞이 깜깜했다. 50명 정도 식사에 이제 익숙해지기 시작했는데, 갑자기 그 열 배의 주문이 떨어졌다. 500명 밥은 도저히 할 수 없어서 조합원들이 집에서 10인분씩 밥을 해 왔다. 그래도 걱정이 한가득이었는데 베테랑 주방 경력의 연대 동지가 도와준다고 하여 천만다행이었다. 조창수 동지가 음식을 하는 동안 옆에서 열심히 보조해 가며 유심히 살폈다. 막막했던 마음이 사라지는 배움의 순간이었다. 이렇게 준비한 식사를 드신 연대 동지들의 맛있다는 말에 너무나 뿌듯했다. 이 일을 계기로 이후에는 많은 연대 동지들이 와도 크게 당황하지 않고 잘 치러낼 수 있었다.

농성장의 '엄마'

내 머릿속에는 늘 점심 메뉴에 대한 고민이 자리 잡고 있다. 저녁 일과는 보통 다음날 점심 장보기다. 마트에 가면 날마다 할인하는 재료가 다르고 저녁시간에 더 싸게 파는 것들도 있기 때문에 메뉴는 비용에 맞추게 된다. 조합원들이 좋아하는 고기 반찬을 하기로 마음먹고 가도 어제보다 값이 올랐으면 싼 재료를 고른다. 조합원 50명 정도 점심 준비할 때는 한 끼에 15,000

원 정도를 재료비로 정해 맞추려고 노력했다. 여러 마트를 다니면서 싸고 좋은 재료를 찾다 보니, 휴대폰에는 서너 개 마트에서 날아오는 세일 안내 문자들이 쌓여 있다.

비용을 생각하면 된장국, 미역국, 콩나물국 같은 걸 위주로 해야 하지만 우리 조합원들은 고기를 정말 좋아한다. 고기 중에는 닭요리가 그나마 저렴한 비용에 양도 제법 나오고 농성장 메뉴로 적격이다. 야채찜닭을 조리 중이던 어느 날, 퍼지는 냄새에 메뉴가 궁금한지 조합원들이 주방을 서성인다. 반은 성공! 맛있다는 말들이 여기저기서 나온다. 갈수록 노하우가 늘어서 점심 준비할 때 조합원들의 주방 출입을 금지시켰다. '풀' 위주의 메뉴일 때는 안 먹기도 하고 고기 반찬이 있을 때는 두 그릇씩 먹어서 밥이 모자랄 때도 있기 때문이다. 이제는 아침회의 때 점심 먹을 인원을 확인하고 메뉴는 '비밀'에 부친다. 나름 주방 담당의 고충인데, 메뉴를 본 뒤 밥 먹을지 안 먹을지 결정하면 좋겠지만, 그렇다고 무작정 준비해서 피 같은 재료를 낭비할 수도 없으니 어쩔 수 없다.

자의 반 타의 반으로 조리 담당이 되었지만, 시작하면서 나대로 각오한 게 있다. 무조건 돈 적게 들이고 최대한 맛있게! 그래서 조합원들이 원하는 메뉴를 다 해줄 수는 없지만, 나름 최선을 다하고 있다.

이렇게 나는 해고 투쟁하면서 주로 하는 일이 메뉴 고민하고 주방 지키고 세일문자 들여다보고 마트 가는 게 되었다. 연대 동지들은 나더러 '아사히 엄마'라고도 하고, 나도 가끔은 그런 기분이 든다. 솔직히 가끔은 하기 싫을 때도 있다. 여름에는 더운 날씨에 천막 안에서 불 앞에 있다 보니 땀띠 범벅이 되어 어쩔 수 없이 주방 휴지기를 갖기도 했다. 그래도 힘들게 투쟁하는 조합원들이 먹고 힘낼 수 있는 음식을 만들어주고 싶은 마음이 더 크다.

오늘도 투쟁의 칼질을

그동안 만든 음식이 여러 가지 있지만 그중에서도 꼽으라면 닭개장, 닭발 정도는 내가 생각해도 괜찮았다. 닭개장은 어떻게 만드는지 몰라서 아내에게 물었다. 예전에는 3교대였는데, 투쟁하면서는 아침에 출근해서 저녁에 퇴근하는 규칙적인 생활을 하니 아내는 '공무원'이라고 놀리기도 한다. 거기다 주방 담당이라고까지 말하기는 좀 그래서 6개월쯤 지나서 얘기했는데, 가지가지 한다는 반응이었다. 맞벌이다 보니 평소 집에서 음식을 곧잘 했던 편이라 그나마 욕을 덜 먹은 것 같다. 투쟁한다면서 맨날 밥 준비에 조리법까지 물어보니 어이가 없었겠지만, 어쨌든 친절히 가르쳐 준 아내 덕분에 잘 만들 수 있었다.

조리 담당이지만 나도 순회투쟁이나 서울 상경투쟁에 함께한다. 상경하면 잠자리는 불편하지만 주방에서는 해방이다. 길거리에서 '밥통'이 해준 밥을 몇 번 먹었는데, 내가 안 하니 꿀맛이었다. "남이 해준 밥이 제일 맛있다"는 주부의 마음을 투쟁하면서 실감하고 있다.

2년 넘은 우리 투쟁도 긴 시간인 것 같은데, 연대를 다녀보니 그렇지도 않다. 장기투쟁사업장이 전국 곳곳에 있는 현실이 슬프다. 아사히 자본은 우리가 지쳐서 나가떨어지기만을 바라겠지만, 힘차게 이겨내서 우리의 희망이 이루어질 날이 오리라 믿는다. 그 믿음으로 우리 조합원들과 연대 동지들을 위해 나는 오늘도 칼질을 한다.

농성장 동지들이 손꼽는
인기 메뉴 베스트 3

조리 담당이 된 후에 농성장용 레시피를 수첩에 열심히 메모했는데 잃어버렸다. 하지만 이젠 수첩이 없어도 아쉬운 줄 모르니 정말 숙달이 됐나 보다. 2년 전만 해도 농성장 조리 담당으로 매일 메뉴를 고민하는 내 모습은 상상할 수 없었다. 이 글을 읽는 '미래의 농성장 조리 담당'을 위해 '베스트 3 메뉴'의 레시피를 공개한다. 투쟁 속에서 정리된 농성장용 대용량 레시피다.

1. 닭발 10인분
재료: 뼈 없는 닭발(1kg), 진간장(7부 2국자), 물엿(간장 양의 절반), 마늘(1스푼), 설탕(반 스푼), 고춧가루(식성에 맞게), 후추 조금
＊ 국자는 플라스틱 국자 큰 것, 스푼은 어른 숟가락 기준
조리: ① 뼈 없는 닭발을 끓는 물에 데친다(몇 분? 익을 만큼). ② 데친 닭발을 깨끗이 씻어서 볶음팬에 담는다. ③ 물 1국자를 넣고, 양념을 넣어 졸인다.

2. 야채찜닭 10인분
재료: 토막 생닭(2마리), 양파(6개), 감자(4개), 파, 당면(300g, 미리 불려 놓는다), 버섯과 떡볶이떡(개인 취향에 따라 준비), 진간

장(4국자), 물엿(2국자), 마늘(2스푼), 설탕(1스푼), 고춧가루(식성에 맞게), 후추 조금

조리: ① 닭을 데쳐서 물을 버린다(찌꺼기와 기름 제거). ② 냄비에 닭과 감자를 넣고 양념을 넣는다. ③ 물을 붓는다(업소용 버너일 때는 밥공기 8개 정도, 가정용 버너는 4개 정도). ④ 함께 끓인다. ⑤ 닭이 보일 정도로 국물이 졸면 당면과 양파 등 야채를 넣고 익을 때까지 끓인다.

3. 닭개장 50인분

재료: 생닭(1.1kg 3마리), 단배추(4단), 고사리(500g~1kg), 대파(5뿌리), 국간장(소금)·마늘·고춧가루·후추 등 양념 적당량(50인분은 간을 보면서 양념을 조절)

조리: ① 솥에 물 20리터와 닭을 넣고 푹 삶는다. ② 단배추와 고사리는 따로 데친다. ③ 닭이 다 익으면 꺼내서 잘게 찢는다. ④ 데친 단배추와 고사리, 닭살, 파를 양념에 버무린다. ⑤ 다른 재료는 식성에 맞게 추가한다. ⑥ 버무린 건더기를 솥에 넣고 끓인다.

2부

꺾이지 않고
질기게

돈 버는 것도

투쟁!

+ + + +

+ +

+ + +

송 동 주

마음으로 해결할 수 없는 기본 생계

아사히 비정규직 노동자들의 투쟁이 2년을 맞이한다. 그동안 투쟁하고 연대하며 바쁜 나날을 보냈다. 아사히글라스 자본과 싸움을 시작하면서 힘든 일은 꽤나 많았었다. 문자 한 통으로 해고됐을 때, 뜨거운 여름날에 선풍기 하나 없이 농성장을 지킬 때, 손끝이 부서질 것 같은 추운 겨울을 지낼 때, 함께했던 동지들이 떠났을 때, 전범기업인 아사히글라스에 각종 특혜를 준 구미시청이 우리 천막농성장을 강제철거했을 때, 동지들과 함께 만들고 지켜온 천막농성장이 하루아침에 쓰레기더미로 변했을 때…….

하루아침에 공장에서 쫓겨난 노동자들의 투쟁에 이렇게 힘든 일은 항상 있어 왔던 것 같다. 하지만 이런 고비마다 투쟁이 끝날 거라고 생각해 본 적은 없었다. 오히려 오기가 생겼다. 이렇게 끝나선 안 된다. 그런 일을 당할 때마다 끝까지 싸우자고 내 마음을 다독이고 추스렸다.

하지만 기본 생계는 마음만으로 해결이 되지 않았다. 그동안 모아 둔 돈이라도 많았으면 하는 후회도 생겼다. 이렇게 시작한 마당에 앞으로 어떻게 해야 할까 고민이 앞섰다. 전국의 투쟁하는 노동자들이 같은 문제로 고민이 많다는 건 오래전부터 알고 있었지만 막상 우리에게 이런 상황이 닥치니 답답했다. 이 문제로 지회에 갈등이 생기지 않을까 걱정도 되었다. 조합원들 앞에선 내색할 수 없었다.

이전에 후원주점 방식으로 재정사업을 했었다. 하지만 진행하기 전에도 그 후에도 몇몇 사람들은 과연 이걸로 우리 생계를 해결할 수 있을까 걱정을 하였고 때론 부정적으로 바라보는 사람도 있었다.

돈 걱정 없이 투쟁할 수 있기를

장기간 투쟁을 하면서 회사 근처에서만 피켓을 들지 말고 아사히 자본을 법률자문하는 '김앤장법률사무소' 앞에서도 선전전을 하자는 의견이 모아졌다.

서울 정부청사 앞에 천막을 치고 근처에 있는 김앤장법률사무소 앞에서 2주 정도 선전전을 하려했으나, 천막을 펼쳐보기도 전에 경찰들에게 빼앗겨 부서져버렸다. 하지만 이대로 물러설 수 없다는 생각에 그 다음주에도 천막을 들고 상경했다. 처음과 마찬가지로 천막만 하나 더 버려야 했다. 우리들은 연대온 분들과 '투쟁사업장 공동투쟁'을 하는 동지들과 함께 천막

없이 깔판 하나로 자리를 펴고 농성을 시작했다.

그날 이후 조금씩 비닐을 치고 농성장을 만들어 갔다. 처음 계획했던 2주 동안의 상경투쟁이 끝날 무렵 박근혜−최순실 게이트가 터지면서, 생계 걱정보다 앞으로 어떻게 투쟁을 진행해야 할까, 언제까지 서울 상경을 해야 할까를 더 고민하는 상황이 되어버렸다.

생계 대책을 세우지도 못한 채 시국으로 인해 더 가열차게 상경투쟁을 진행하고 있을 무렵, 서울에서 같이 시국농성을 하는 '투쟁사업장 공동투쟁'의 대표들과 차헌호 지회장이 이번에는 주점을 서울에서 열어보자는 의견을 냈다. 너무 막연하게 일을 진행하는 게 아닌가 걱정도 되었지만, 당장 다음달부터 생계비조차 없이 투쟁해야 될 상황이라 앞뒤 가릴 형편도 아니었다. 이번엔 우리뿐만 아니라 여러 곳의 투쟁사업장들이 연대한다고 하니, 이번 기회에 생계 걱정을 덜 수 있을 만큼 후원주점 티켓을 많이 팔면 좋겠다는 생각이 들었다. 당분간은 돈 걱정 없이 투쟁할 수 있겠다는 기대도 하게 되었다.

생계비 마련 후원주점을 열고

후원주점은 순조롭게 준비되었다. 함께 공동투쟁하는 금속노조 하이디스 지회의 여성 노동자들이 예쁜 손글씨로 메뉴판을 만들어줬다. 홀서빙도 맡아줘서 일이 수월해졌다. 세종호텔

노조위원장이었던 고진수 씨는 호텔 쉐프 출신인데, 연어와 참치 샐러드 메뉴를 준비하기로 했다. 그는 함께 주방을 맡은 사람들에게 회칼 쓰는 방법을 가르쳐주고 직접 연어와 참치를 회칠 수 있도록 훈련해서 참치샐러드와 연어샐러드를 준비했다. 모두들 고급안주 메뉴를 선보이기 위해 최선을 다했다.

후원주점 메뉴 선정을 하던 중에 와인세트를 넣자는 의견이 나왔다. 후원주점에 그것도 투쟁하는 노동자에게 와인이 어울릴 것 같지 않았다. 하지만 서울에서 후원주점을 해 봤던 경험을 바탕으로 준비할 수밖에 없었다. '와인세트 메뉴'는 당첨되었고, 후원주점에서 와인을 마시는 서울 사람들은 역시 다르구나 싶었다.

아사히 비정규직지회 조합원들이 투쟁을 계속해 나갈 수 있도록 생계비를 마련해야 하기 때문에 티켓을 많이 파는 것이 가장 중요한 일이었다. 그동안 우리 투쟁에 후원했던 단체와 연대자들에게 일일이 전화를 걸어서 후원주점 하는 것을 알렸다. 티켓 구매를 부탁해야 하는데, 전화로 이야기하는 일이 보통 어려운 게 아니었다. 개인적으로 곤혹스러웠던 기억도 있다. 사회단체 중에 '레즈비언상담소'라고 있었다. 이곳에 전화는 해야 하는데 이 단체가 우리 같은 노동자투쟁과 무슨 상관이 있을까 하는 생각이 드니, 전화해 놓고도 티켓을 판다는 말이 입에서 떨어지지 않았다. 투쟁하면서 노동문제뿐 아니라 사회문제에 많은 관심을 가지게 되었는데, 여러 단체들에 전화를 하면서 처음 들어본 이름도 많았고 이 단체들이 무슨 일을 하는 곳인지 궁금해지기도 했다. 물론 레즈비언상담소는 흔쾌하게 우리 후원주점 티켓을 사주셨다.

연대해 주신 분들께 감사드리며

서울에서 열린 후원주점 티켓은 기대했던 만큼 많이 팔리지 않았다. 하지만 준비하는 과정에서 많은 분들이 경험을 나누고 도움을 주기 위해 한걸음에 달려와 주셨다. 재정은 부족했지만 연대하는 사람들이 있기에 앞으로 어떤 고비가 닥쳐와도 해낼 수 있다는 자신감과 감사한 마음이 가슴속에 자리 잡았다.

서울 후원주점 이후에도 우리들은 생계비를 마련하기 위해 여러 가지 재정사업을 진행해 왔다. 그래도 늘 부족하고 형편이 어려운 건 사실이다. 하지만 이젠 '얼마'인지, '얼마나' 벌어야 하는지 생각하지 않는다. 단돈 천 원이라도 우리를 위해 연대해 주신 분들의 마음을 값으로 매기고 싶지 않기 때문이다.

앞으로도 투쟁이 끝나지 않는 한, 생계비 마련을 위한 재정사업은 진행할 수밖에 없다. 언젠가 반드시 승리해서 우리에게 연대해 주신 분들의 마음을 되돌려드리게 되길 간절히 바라며 또다시 치열한 싸움을 할 거다. 다시 한번 연대해 주신 분들께 감사의 말을 전한다.

공동투쟁으로 만난

소중한 동지들

+ + + +

+ +

+ + +

오
수
일

'공동투쟁'을 시작하다

전국에는 투쟁하는 노동자들이 너무나 많다.

서울 구로구 가산디지털산업 3단지 하이텍알씨디코리아 노동조합은 1988년 전노협 시절에 만들어져 30년 동안 투쟁하며 살아남은 유일한 장수 노조이다. 하이텍알씨디코리아 자본이 시세차익을 얻기 위해 추진하고 있는 공장구조고도화에 반대하며 투쟁을 하고 있다. 경기도 이천 SK하이닉스공단의 하이디스는 대만자본 E-잉크사가 인수해 핵심기술력(특허수익 연 1,000억 원)만을 취득한 뒤 한국 공장을 고의로 부도 내고 대만으로 도망갔다. 일명 '먹튀' 자본이다. 흑자를 보고 있었는데도 앞으로 다가올 경영상의 위기를 대비해 정리해고를 했다는 콜트콜텍(인천과 대전 공장)은 10년 넘게 싸움이 이어지고 있다. 강원도 삼척의 동양시멘트는 노동부로부터 묵시적 근로관계 판정(위장도급)을 받고도 아직까지 복직하지 못하고 길거리에서 투쟁하고 있다. 그리고 아사히글라스는 노조를 만들자 문자 한 통으로 170명을 해고했다.

이렇게 자본의 이익이 침해될까 봐, 노동자는 부당한 이유로 해고와 탄압을 받고 있다. 법으로 이겨도 인정되지 않고, 노동조합은 사회적으로 인정받지 못하고 있다. 최소한의 인격조차도 존중받지 못하는 열악한 처지의 열한 개 사업장이 사회의 잘못된 구조를 바꾸고 노동자의 권리를 찾고자 한 목소리로 호소하고 함께 행동하기로 결의해 2015년 10월에 '투쟁사업장 공동투쟁'을 만들었다.

우리의 투쟁을 알리자

아사히 투쟁이 일 년이 훨씬 넘어 장기화되면서 매일 비슷한 일정이 반복되자, 그런 일정에 지치고 힘이 빠지기 시작했다. "선전전 시간을 조정하자", "오후 선전전은 의미가 없다", "휴식시간을 가지자"는 등 여러 의견에 시간도 조정하고 휴식시간도 가져봤지만 상황은 계속 나빠지고 참석률도 차츰 떨어졌다. 아사히 자본과 시청, 노동부, 경찰은 어떠한 반응도 없이 우리 조직이 흐트러지고 무너지기를 기다리고 있었다. 아니 바라고 있었을 것이다. 시간적으로나 경제적으로 여유가 없는 우리는 다른 변화가 필요했고 방법을 찾아야 했다.

우리를 알리고 확대해야 한다는 소리가 여기저기서 나오기 시작했다. 서울에 가서 우리를 알리기로 의견을 모았다. 서울에 본사가 있는 것은 아니지만 동양시멘트, 하이디스, 하이텍, 세

© 영경쥐

종호텔 등 공동투쟁의 여러 사업장들이 서울에서 농성 중이거나 생활하고 있었다. 무엇보다 아사히 자본의 법률자문을 맡고 있는 '김앤장'이 서울에 있었다. '김앤장'을 두드리러 서울 상경 투쟁을 시작하기로 했다.

자본의 장자방 노릇을 한다는 김앤장법률사무소는 유성기업과 갑을오토텍, 현대자동차 등의 '노동조합 파괴 시나리오'를 만들어서 실제로 노조탄압과 파괴를 진두지휘하였다. 외환은행 론스타 사건, 전범기업 미쯔비시, 가습기살균제 옥시 사건 등 국가에 큰 피해를 주고 많은 국민을 죽음과 혼란에 빠뜨린 자본들을 변호한 집단이다. 장관 출신과 법조계 출신, 청와대

출신의 빵빵한 권력자들이 김앤장에 고문으로 있다니, 법이 정의롭지 못하고 평등하지 못한 이유이기도 할 것이다.

서울 상경투쟁과 정부청사 앞 시국농성

2016년 10월 17일, 우리의 첫 서울 상경투쟁이 시작되었다.

정부청사 앞에서 두 번이나 천막 설치를 시도했으나 폭력경찰에 의해 실패로 돌아갔고, 우리는 억울함과 분노를 뒤로 한 채 금속노조 사무실에 짐을 풀어야 했다. 상경 다음날부터는 서울의 여러 투쟁사업장을 방문해 가며 우리를 알리고 여러 집회들에 참석하는 바쁜 일정이 계속되었다.

하루는 한남운수노조 집회에 참석하기 위해 갔다. 연대자 한 분이 우리의 방문을 반갑게 맞으며 커피를 타 주려고 전기포트를 가져왔다. 그런데 한남운수 회사 측에서 전날 노조가 사용하는 전기를 차단한 것이다. 사무실 하나를 파티션으로 나누어 한쪽은 노조가 사용하고 한쪽은 회사 측이 사용하는데 전기를 노조 쪽만 차단한 것이다. 그 사실을 몰랐던 그분은 전기가 들어오는 옆자리 책상에서 전기를 쓰려고 했다. 그러자 회사 측 간부가 막아서며 회사 전기를 쓰지 말라고 한다. 사정을 이야기했지만 돈 내고 쓰라고 한다. 갑자기 노조의 한 사람이 외치며 돈을 던졌다. "얼마 줄까? 얼마면 되냐고?" "커피 몇 잔 마시려고 전기 좀 쓰자고 부탁하는데, 뭐 돈을 내라고?" 크고 작은 몸

싸움과 욕설로 순식간에 사무실은 싸움터로 변해 버렸다. 회사 측은 경찰에 신고를 하였고 경찰차가 다섯 대나 출동했다. 그러자 이제는 경찰이 싸움의 상대가 되었다. 긴 다툼 끝에 경찰이 한발 물러섰고 사태는 일단락되었다.

상경투쟁한 지 2주쯤 되어갈 때 최순실 태블릿PC 사건이 전 국민을 분노하게 만들었다. 이 사태에 우리는 무언가를 해야 했다. 긴급 '투쟁사업장 공동투쟁' 대표자 회의와 각 투쟁사업 장별로 회의를 하고 서울 정부청사 앞에서 시국농성을 하기로 결정했다.

2016년 11월 1일, 정부청사 앞에 농성장을 만들기 위해 자리를 깔기 시작했다. 그곳에서는 남북경협에서 먼저 농성을 하고 있었고, 노동당 이갑용 대표가 10월 31일부터 단식농성을 하고 있었기에 농성장을 만드는 과정에서 경찰과의 마찰이 훨씬 적었다. 작은 등산용 깔판을 깔고 앉아 있는데 빗방울이 떨어지기 시작했다. 급하게 비닐을 구입해서 살짝 덮는 순간 경찰들이 우루루 달려왔다. 비닐은 허용할 수 없단다. 우리는 거세게 몸으로 경찰을 막았고, 옆에서 보고 있던 이갑용 대표도 항의를 했다. 그러자 경찰은 물러갔다. 드디어 농성장이 완성됐다. 비록 비닐 움막이 초라해 보일 수는 있지만 투쟁사업장 공동투쟁이 함께 시국농성에 들어가는 의미 있는 출발이었다.

비정규직으로 살아온 안타까운 노동자들

이른 새벽, 하루의 시작을 재촉하는 분주한 자동차 소리가 들려왔지만 밤새 움츠렸던 몸은 오히려 침낭 속을 더 파고들었다. 얼마나 지났을까? 바쁘게 출근하는 사람들의 인기척에 다시 눈을 떴다. 건물들 사이로 햇볕이 천막을 환하게 비추고, 비닐천막 안은 온통 눈꽃처럼 반짝이는 살얼음이 침낭을 뒤덮고 있었다. 서글프고 묘한 감정이 몰려왔다.

재빨리 자리를 피해 공원 화장실로 갔다. 동양시멘트 지부의 한 사람이 세면대에서 찬물로 머리를 감고 있었다. "춥지 않습니까?"라고 물었다. 그 사람은 "강원도에서는 매번 찬물로 머리를 감아요. 그래서 강원도 촌놈들이 건강하지!" 그 말을 듣고 나도 용기를 내보기로 했다. 손으로 물을 만져보고 머리를 들이댔다. 그때부터는 "우아! 으아!" 하는 소리를 지른 것 말고는 어떻게 감았는지 기억이 나지 않는다.

우리 농성장에는 참 부지런한 사람이 있다. 현대자동차 비정규직지회에서 온 동지이다. 농성장 청소와 정리정돈을 혼자 도맡아 한다. 모든 물품을 늘 제자리에 챙겨 두고, 흐트러진 모습을 보면 잔소리도 하지만 정이 많고 참 따뜻한 사람이다. 또 다른 동지는 손재주가 정말 뛰어나다. 휴대폰 보조배터리를 직접 만들어 쓰고 있었다. 구형 휴대폰 배터리를 이용해 납땜하고 연결해서 만들었다고 한다. 사용 후 남은 잔량도 확인할 수 있다.

이처럼 많은 재능과 개성을 가진 이들이 비정규직 노동자로 살아가고 있다. 자본이 만들어 놓은 자동화와 단순노동으로 짜여진 틀에서 자신의 재능이 무엇인지 모른 채 소모되다 삶의 시간들을 다 소비하곤 한다.

지금의 촛불이 비록 노동자의 목소리를 담고 있지는 못하지만, 분명한 것은 우리의 공동투쟁은 포기하지 않는다는 것이다. 간절하게 울부짖는 노동자의 소리를 알리고 세상을 변화시키기 위해 질기게 노력할 것이다. 탄압받고 법의 보호도 받지 못하고 사회로부터 소외되는 이들이 더 이상 생기지 않도록 하는데 우리의 노력이 조금이나마 도움이 되길 바란다. 비정규직이 없고 노동자가 행복하게 살며 정의롭고 상식이 통하는 세상이 하루 빨리 되기를 바란다.

서울 경찰,

생사람 잡네

전 영 주

청와대 앞 기자회견

2016년 11월 8일 낮 12시. 청와대 청운동 주민센터 앞에 전국 61개 비정규직 노동자 단체들이 모여 '박근혜 대통령 퇴진 시국선언 개최 기자회견'을 하기로 한 날이었다. 나를 포함한 '투쟁사업장 공동투쟁' 동지들이 기자회견 장소를 향해 피켓을 챙겨 들고 삼삼오오 이동하였다. 평소라면 선전 대열을 갖춰 이동하지만, 이날은 점심 먹으러 나온 직장인들과 섞여 자유롭게 목적지로 향했다. 서울 지리를 잘 모르는 나는 앞사람을 따라가는 수밖에 없었다.

경복궁 영추문 앞을 지나면서 '청와대가 가까워지는구나' 하는 생각을 할 때 우리는 대열을 맞춰 서 있는 소규모 의경들과 마주쳤다. 몸자보를 하고 피켓을 든 사람들이 하나 둘 늘어가자 무심히 바라보던 경찰의 시선이 일제히 우리를 향했다. 대통령 퇴진하라고 쓴 몸자보와 피켓을 공공연히 소지하고 거리를 활보하는 우리 '투쟁사업장 공동투쟁' 동지들이 경찰들의 입장에선 영락없는 불순집단이었고, 서로 불편한 시선을 주고받는 묘한 분위기 속에 우리와 경찰 대열은 바리케이드를 사이에 두고 마주했다.

거리행진이 아니라서 괜찮을 거라는 예측도 잠시, "막아!" 하는 외침과 동시에 경찰들은 우리를 막아섰다. 공권력의 돌발 행동에 사람들의 항의가 빗발치자 경찰은 캠코더를 꺼내 채증을 시도했다. 몇몇 사람들은 빈틈으로 통행을 시도했지만 번번이 실패했고, 실랑이가 길어지면서 경찰 지원병력이 도착해 합류했다. 당신들은 허가받지 않은 곳에서 불법집회를 하고 있다, 해산 명령을 내린다는 음성이 확성기를 통해 울려 퍼졌다. 경찰들이 우리를 막아선 이유가 불법집회라니? 정말 엉뚱한 이유였다.

길을 막으면서 해산 명령이라니

그런데 이상했다. 해산하라면서 퇴로를 열어주지 않았다. 길을 막은 채 경고방송을 반복하며 우리를 점점 압박하고 있었다. 시간이 흐르면서 지원병력이 늘어나 경찰은 점점 많아지고, 불어난 경찰들에 밀리며 우리는 고립되어 갔다. 그러다 경찰 정보과 직원이 우리에게 굴욕스런 제안을 하였다. 착용한 몸자보를 벗으면 5분 단위로 보내주겠다는 것이다.

이건 또 무슨 소린가? '박근혜 퇴진'이라는 몸자보의 문구가 문제가 되다니……. 서울 곳곳에서 지금껏 입고 다닌 걸 문구가 불순하다고 벗으라고 하지 않나, 걸어가는 걸 막아 놓고 불법집회라고 하지 않나, 법이란 게 귀에 걸면 귀걸이, 코에 걸면 코걸이라는 말이 실감나는 순간이었다.

이윽고 경찰의 압박 수위는 최고조에 치달아, 본격적인 '3진아웃' 경고방송이 시작되었다. 단순하지만 자존심을 건드리는 제안을 해 놓고 서서히 죄어 오는 경찰. 그렇게 집행은 시작되었다. 담 쪽으로 서서히 몰아넣고 1차 경고방송을 실시함과 동시에 전체 전진 1보를 명령했다. 경찰들과의 거리는 불과 6미터 남짓 되어 보였다. 2차 경고가 떨어지고 연행이 임박한 상황 속에서도 경찰들을 향해 끝까지 저항하는 세 명의 동지가 있었다. 동양시멘트의 최창수 씨, 세종호텔 노조의 고진수 위원장, 그리고 우리 아사히 비정규직지회 차헌호 지회장이었다.

나도 가세해 무모한 저항을 펼쳤지만, 3차 경고방송과 "전진 5보 앞으로!" 소리와 함께 집행이 시작되었다. 바로 앞에서 지회장이 경찰들에게 들려나가는 걸 보고 "해산도 못 하게 막으면서 무슨 짓이냐" 외치며 손을 뻗었지만 막을 수 없었다. 순간 멀찍이서 지켜보고 있던 통솔자와 눈이 마주쳤다. "연행해!" 하는 외침과 함께 나와 세 명의 동지도 끌려나가 호송버스에 앉혀졌고 미란다 원칙을 떠들어대는 것이 들렸다. 순식간에 끌려와 호송버스에 태워진 황당한 사태에, 노동조합 하면서 별의별 일을 다 당해 본다는 생각이 들었다.

처음 받아본 경찰 조사

우리 네 명은 호송버스에 실려 강남 수서경찰서로 보내졌고 지능수사팀에 인계되었다. 범죄드라마나 영화에서나 보던 곳에서 내가 경찰조사를 받게 될 줄이야. 절로 헛웃음이 나왔다. 재차 미란다 원칙을 떠든 후 조사가 시작되었고, 기본 인적사항을 확인한 후엔 민감한 질문들이 이어졌다.

"허가받지 않은 장소에서 불법집회 및 행진을 했다"는 전제로 '아' 다르고 '어' 다른 교묘한 화법으로 유죄로 몰아가려는 담당 수사관이 괘씸하기 그지없었다. "구호도 없이 단순 보행한 것인데 해당이 되냐"고 반박하니 이건 '불법시위'에도 해당된다며 혹을 더 붙이려고 추궁한다.

실랑이가 한창일 때 수사관이 경복궁 부근 지도를 내밀었다. 경복궁역 사거리를 중심으로 위쪽엔 주민센터가 우측으론 청와대가 있었다. 수사관은 경복궁역 사거리를 거쳐 청운동 주민센터에 가려면 주욱 올라가면 되는데 옆길로 영추문 주변까지 접근한 것은 무슨 의도냐고 물었다. 순간 고민에 빠졌다. 지회장이 주도했다고 하면 안 될 것 같아 차라리 바보가 되자고 결심했다. "외지인이라 서울 지리를 잘 모른다. 지회장도 조합원들을 생각해서 지름길로 간다고 간 거겠지, 고생시키려고 돌아서 갔겠느냐?"

담당 변호사가 도착한 뒤 변호사의 자문을 받아 우리는 적절한 묵비권을 내세우며 조사를 마쳤고, 진술에 입을 맞출 수 있다는 이유로 각기 다른 유치장으로 배치되었다.

서울 유치장에서 하룻밤을

어디든 규칙은 있는 법, 유치장도 예외가 아니다. 양치질과 샤워, 식사 시간은 정해져 있고 샤워는 유치장 한 방에 두 명씩인 듯하다. 입감시 걸칠 옷을 빼고 모든 소지품은 압수하여 출감 때 돌려준다.

유치장 내부는 나쁘지 않았지만 48시간이라는 적지 않은 시간을 어떻게 보내야 할지 지루함과의 싸움이었다. 그때 "영주씨! 편하게 누워요" 하는 목소리가 들렸다. 익숙한 억양은 바로 옆방에 감금된 차헌호 지회장이었다. 지회장은 조사받을 때나 잡혀갈 때나 태연했다. 노조를 오래 하면 나도 저렇게 태연하게 될까? 낯선 환경에 쉽게 두 다리 뻗고 눕질 못하는 성격이라 대차에 실린 이동도서함에 눈을 돌렸다. 얼핏 교양도서처럼 보였지만, 훑어 보니 종교서적이 대부분이다.

독서로 시간을 활용해 보려 했으나 코드가 맞지 않아 흥미를 가지지 못하고, 벽에 기대어 유치장에 감금된 사람들을 찬찬히 살펴보았다. 과격한 인간들이 주류일 거라 생각했었는데, 유치장 분위기는 찜질방처럼 평화로웠다. 한 방을 쓰게 된 사람들은 청년 둘에 중년 한 명이었다. 청년 한 명은 한국말을 유창하게 구사하는 외국인이었다. 외국인이라 그런지 배려가 어색한 한국인과 달리 이것저것 설명을 잘 해줬다. 8일 정도 유치장에 구금되어 있었다고 하니, 이곳 방식을 마스터하고도 남을 터. 다른 한 명은 훤칠한 체격과 수수한 외모의 꽃미남인데 여자 문제인 것 같다. 마지막 중년 남성은 경제범으로 기억한다. 푸근한 인상에 턱수염을 기르고 안경을 썼는데, 한 방 사람들에게 피해를 주지 않으려고 조심스럽게 행동했다. 이들을 보고 있자니 사정을 모르고선 유치장에 왜 왔는지 이해가 되지 않았다.

반가운 소식, 반가운 사람들

다음날 오전 조사를 마치고 저녁이 가까운 오후에 면회 온 사람들이 희소식을 가져왔다. 연행 당한 다음날 '투쟁사업장 공동투쟁' 동지들이 서울지방 경찰청 앞에서 '몸자보에 과잉충성 서울경찰청 규탄 기자회견'을 가졌다고 한다. 기자회견 덕분이었는지 48시간 이전에 풀려날 수 있다는 소식이었다.

희소식은 현실이 되어 30시간가량 지난 후 풀려날 수 있었다. 그런데 잡혀 오는 것도 억울한데 나가는 것도 호락호락하지 않구나. 출감 전 지문 인식을 거쳐야 하는데 기계가 인식불능으로 말썽이었다. 20분이나 지체하고 나서야 경찰서 밖을 나와 자유의 공기를 만끽할 수 있었다.

유치장 밖에서 우리를 기다리다 환하게 웃는 사람들은 반가움에 너스레를 떤다. 연행되었던 그날 밤은 기습한파로 엄청 추위 얼어 죽을 정도였는데, 따뜻한 유치장에서 잘 보내서 좋지 않았냐고 말이다. 이거 참, 웃어야 할지, 울어야 할지…….

그날 그렇게 마중 나온 사람들과 이야기꽃을 피우며 저녁밥에 소주도 곁들이면서 쌓였던 피로를 떨쳐냈다.

나는 1급 이발사,
'이발'로
세상과 연대하다

조
남
달

나 어릴 적 어머니는 미용사셨다. 동네 사람들의 머리카락을 잘라주고 파마하고 염색하고 손질하는 일을 하셨다. 미용사 자격증 없이 '야매' 미용사로 생계를 꾸려 나가셨다. 가난한 탓에 미용실을 차릴 수 없었지만 화장품을 팔고 남의 머리를 손질하면서 우리 가족의 생활을 책임지셨다. 어머니는 내게도 이발 기술을 일찌감치 배우라고 권유하셨다. 나는 어머니의 뜻을 따랐다. 어머니가 동네 이발소 사장님께 부탁해서 이발 기술을 배울 수 있었다.

처음 가위를 들고 남의 머리를 자르고 면도를 할 때 사장님은 멀찌감치 뒤에서 팔짱을 끼고 지켜보고 있었다. 나는 손을 덜덜 떨면서 면도를 하다가 이마에 한 칼, 코 밑에 한 칼 그어대는 사고를 치기도 하면서 커트 기술과 면도 기술을 익혔다. 옛날 면도기의 면도칼은 길어서 가죽에 갈아서 사용했는데 엄청 날카롭고 무섭다. 하루는 친구 동생이 커트를 하러 와서 실습 삼아 내가 머리를 손질해 줬는데 머리카락을 자른다는 게 귀 끄트머리를 잘랐다. 피가 줄줄 흐르는데 나는 너무 깜짝 놀라 당

황했다. 다행히 친구 동생이 괜찮다고 해서 넘어갔다.

그렇게 배운 이발 기술로 이발사 면허증을 따고, 군대도 공군교육사령부 이발병으로 지원 입대해서 군복무를 마쳤다. 사회로 나와서 구미 코오롱 사내 이발소의 직원으로 일한 적도 있고, 한국전기초자 사내 이발소 직원으로 일한 적도 있다. 개업해서 이발소를 직접 운영한 적도 있다. 그러나 사우나에 세 들어 운영했던 이발소는 사우나가 부도나고 폐업되면서 덩달아 망해 버려 수천만 원을 까먹은 적도 있다. 자영업도 결코 쉽지 않았다.

무엇보다 이발사는 서비스 업종이다 보니 남들 쉬는 휴일에는 바쁘고 남들 일 다니는 평일에 쉬어야 해서 가족들과 함께 시간을 보내는 것이 어렵다. 그래서 이발소를 말아먹고는 직장을 다니기로 결심했다. 남들 쉴 때 나도 쉬고 가족들과 휴일을 함께 보낼 수 있는 직장을 다니고 싶었다. 그러다 지인의 소개로 3교대 근무를 하는 아사히글라스에 들어오게 되었다.

농성장 이발사가 된 사연

이발사였다는 사실을 숨길 생각은 없었다. 그냥 말을 안 하고 있었을 뿐이지. 그러던 어느날 종섭 씨가 아사히글라스 고위관리자를 만나서 녹취록을 폭로한 사건이 터졌다. 녹취록에 회사 측에서 우리 조합원들의 신상을 하나하나 파악하고 있던 내용이 있어서 내가 이발사였던 것이 알려지게 되었다.

차헌호 지회장이 이 사실을 알고는 내게 이발을 해 달라고 몇 번을 졸라댔다. 한참 동안 손 놓고 있었는데 워낙 바쁜 지회장이 이발할 시간도 없다고 졸라대니, 어쩔 수 없이 꽁꽁 싸서 보관해 놓았던 이발 도구를 다시 꺼내들었다. 지회장을 제일 먼저 이발해 주니 머리가 마음에 들었는지 다른 조합원들도 이발을 해 달라고 하기 시작했다. 그렇게 농성장 이발이 시작됐다.

어느 날 차헌호 지회장은 한술 더 떠서 '이발 연대'를 해보면 어떻겠냐고 권했다. 그때 갑을오토텍 공장을 사수하고 있는 금속노조 산하의 갑을오토텍 지회 노동자들이 집에 가지도 못하고 공장에서 먹고 자고 하면서 갑을 자본의 노조탄압에 맞서고 있었던 터라 이발하러 가면 엄청 좋아할 거란다. 가만히 생각해 보니 공장을 지키고 있는 노동자들에게 꼭 필요한 일이기도 했고, 금속노조나 민주노총이 갑을오토텍의 싸움에 관심을 집중할 때라 거기서 이발하면서 연대하면 우리 아사히 비정규직지회 싸움도 많이 알릴 수 있을 것 같았다. 나도 흔쾌히 하겠다고 맘을 먹었다. 공장을 지키는 노동자가 4백 명은 넘는다고 했으니 이발을 하루 만에 끝낼 수 있는 일은 아닌 듯했다. 몇 날 며칠은 해야 할 것 같았다. 가방을 싸들고 이발 도구를 챙겨서 갑을오토텍 공장으로 향했다. 갑을오토텍 지회에서도 반가이 맞아주었다.

새로운 시도, 이발 연대

공장에 도착하니 마침 며칠 전에 다른 곳의 미용 연대가 있어서 머리 손질을 한 분들이 꽤 있다고 했다. 그래도 이발이 필요한 사람 있을 것이니 자리를 준비하고 이발 준비를 시작했다. 몇 분이 쭈뼛쭈뼛 들어서는데 영 못 미더워 하는 눈치였다. 그래도 아쉬운 건 갑을오토텍 지회 조합원일 테니 나는 오시는 분의 머리 손질을 최선을 다해 하는 수밖에 없었다.

처음에 용기내 주신 분이 있어서 내 커트 실력을 마음껏 뽐낼 수 있었고, 아니나 다를까 내게 머리한 분이 매우 만족하셨던 것 같다. 사람들도 큰 기대 안 했을 텐데 내가 커트를 워낙 꼼꼼하게 하니까 사람들이 하나 둘 모여들기 시작했다. 이발하기 위해서 줄을 서기 시작하더니, 어느새 줄이 길어져서 서너명

이발하면 담배 한 대 피우면서 쉴 틈도 없이 계속 이발을 해야 했다.

아침 9시부터 저녁 5시까지 하루 마흔 명의 조합원들을 이발했다. 한 명 이발하는 데 십 분 정도의 시간이 소요되었고, 점심 시간 한 시간의 휴식 시간은 확보했지만 일하는 동안에는 줄이 길어서 도저히 여유를 부릴 수가 없었다. 이발소가 아닌 공장 마당에서 높낮이 조절이 안 되는 의자에 앉은 고객님의 머리를 손질하다 보니 내 자세가 구부정해지고 허리와 다리가 아파서 힘들기도 했다.

그렇게 일을 하다 보니 갑을오토텍 지회 조합원들의 시선이 달라졌다. 이발이 마음에 든다고 음료수와 과자, 과일을 챙겨주시는 분도 있었다. 점심을 먹으러 가면 조합원들은 모두 감사의 인사를 내게 전하고 아주 깍듯이 대해 주신다. 예전에 이발사로 일할 때도 손님들이 내게 이발 서비스를 받으러 일부러 오시는 경우가 많았는데, 머리가 마음에 든다고 칭찬을 들으면 기분이 좋은 건 당연하다. 그런데 갑을오토텍 지회에서 조합원들이 내게 전하는 마음은 그것과는 사뭇 다른 것이었다. 이발 기술을 인정받았다는 것도 하나 있지만 나의 연대 활동에 경의를 표한다는 느낌이라고나 할까? 나도 보람된 일을 하고 있어서 기분이 매우 좋았다.

'이발 연대'에서 '투쟁 홍보대사'로

이발만 한 것이 아니라 이발을 하면 전후의 모습을 사진 찍어서 내가 즐겨하는 페이스북에 올렸다. 갑을오토텍 지회의 "노조탄압 분쇄! 민주노조 사수!" 투쟁을 홍보하기도 하고, 우리 아사히 비정규직지회 투쟁을 홍보하기도 했다. 그러다 보니 페이스북 친구 신청이 많이 들어왔다. 나이가 열여덟 살밖에 안되는 아가씨가 친구 신청을 했길래 이상하다 싶었는데, 알고 보니 갑을오토텍 지회 조합원의 딸이었다. 아빠가 이발하는 모습이 올라오니까 반갑다고 페이스북 친구 신청을 했다고 한다.

그때 이발 연대하면서 페이스북 친구도 엄청 많이 생겼고, 내가 올린 사진을 보면서 사람들은 관심을 많이 보여줬다. 그러다보니 페이스북 친구들에게 이 세상 참 많은 곳에서 노동자들이 투쟁하고 있다는 것을 알려주고 싶은 마음도 더 간절해졌다. 열심히 소식을 올리고 사진으로 전하다 보니 어느새 '좋아요' 클릭 수가 수백 개가 되어, 나도 기분이 좋아지고 투쟁하는 맛도 느낀다.

한번은 내가 술을 못 마셔서 술 고프다는 내용을 페이스북에 올려 놓았더니 천안에 사는 페이스북 친구가 좋은 일 하는데 술한잔 대접하겠다면서 일과 마치는 시간에 맞춰 찾아와 넉넉하게 술자리를 만들어줘서 대접받은 일도 있었다. 이렇게 사람을 사귀는 재미도 쏠쏠하다.

예전에는 우리 가족들 머리를 부엌에서 손질하다가 머리카락이 흩날려서 집안이 엉망이 된 적이 많았다. 욕실에서 아이들 머리손질을 해봤지만 마찬가지였다. 그 후 손놓고 나서는 우리 집 아이들은 미용실에 데려가 남의 손에 맡겨 왔다. 그런데 노동조합이란 걸 하게 되고, 내가 유일하게 가지고 있는 기술로 연대라는 것을 하게 되었다. 처음엔 오로지 우리 아사히 비정규직지회 투쟁을 알리고 싶은 욕심이었다. 그런데 연대라는 것이 정말 위대하더라. 내가 알리고 싶은 것만 알려지는 것이 아니라 연대를 하다 보니 내가 알게 되는 것이 더 많더라. 내가 알리고 싶은 것보다 더 많은 것을 알리게 되더라.

연대의 손을

잡아주는

사람들처럼

이
명
재

벼랑 끝에 서 있는 사람들

피눈물이 난다. 가슴속에 분노가 치밀어 참을 수가 없다. 1,000일을 넘게 길거리에서 투쟁해 왔던 울산과학대 청소노동 자들의 천막농성장을 법원이 강제철거한다는 소식을 접했기 때문이다. 서울에서 '투쟁사업장 공동투쟁' 정부청사 앞 농성 100일을 맞아 투쟁문화제(2017년 2월 8일)를 마치고 다음날 나는 울산으로 달려갔다.

작년 아사히 비정규직지회 천막농성장을 철거한 행정대집행이 있던 날, 벼랑 끝에 선 심정으로 함께 투쟁했던 사람들과 몸에 줄을 묶어 천막농성장을 둘러싸고는 철거당하지 않기 위해 몸부림쳤던 기억이 났다. 비를 맞으며 죽을 각오로 서 있던 우리를 보고 달려왔던 수많은 사람들이 눈물을 흘렸다. 지금 울산 과학대 청소노동자들의 천막농성장이 철거당한다면 심정이 어떨지 나는 충분히 이해할 수 있었기에 '벼랑 끝에 서 있는 사람 들'에게 주저 없이 달려갈 수 있었다.

울산과학대는 2014년 6월부터 "청소노동자의 임금은 최저임금이 아니다"를 외치며 최저임금 이상의 임금인상 요구를 걸고 싸움을 시작했다. 늙은 노동자들에게 돌아온 건 폭언과 폭력이었고, 해고를 당해 학교 밖으로 쫓겨났다. 밥 한 끼의 권리도 없고, 휴식 공간도 없어 화장실 변기를 의자 삼아야 했던 청소노동자들의 인권 침해는 심각했기에, 그들에게는 포기할 수 없는 싸움이었다. 그렇게 시작된 싸움이 지금까지 이어져 와서 1,000일이 넘는 시간을 울산과학대 앞에서 천막농성을 하고 있었던 것이다.

어머니 같은 울산과학대 청소노동자들

2017년 2월 9일 목요일 새벽, 울산과학대 앞에 도착했을 때 20여 명의 청소노동자와 연대하는 사람들이 대기하고 있었다. 시간이 흐름에 따라, 농성장에도 긴장감이 흐르고 있었다.

아침 7시 30분쯤 철거가 시작되었다. 우리 측 사람은 좀 늘어서 40여 명이 울산과학대 청소노동자들과 함께 천막을 지키고 있었다. 농성장이 뜯겨져 나가고 물건이 하나하나 들려 나갈 때마다 가슴이 무너지는 것 같았다. 완전히 철거되자 눈시울이 붉어지고 눈물이 났다. 함께한 사람들 눈에도 눈물이 고여 있는 게 보였다.

그리고 내 피를 거꾸로 솟게 한 일도 있었다. 철거가 곧 들어올 텐데 아침 7시쯤 선전전 해야 한다고 가버린 사람도 있었고,

농성장 강제철거가 다 끝난 뒤에 도착해서는 노조 대표자랍시고 규탄집회에서 마이크 잡고 발언만 하고 가는 사람도 있었다. 적들에게 쏟아야 할 분노가 우리 편이라 믿었던 이들에게도 치밀어 올랐다. 울산에 민주노총 산하의 노동조합이 얼마나 많은데, 대공장 정규직 노동조합에 수만 명의 조합원이 있는데, 이 모양이니 말이다.

이곳의 울산과학대 청소노동자들은 내 어머니 같은 분들이다. 평균 나이 65세의 고령 노동자다. 이분들이 노동조합을 하고 임금인상을 요구했다는 이유로 길거리로 내몰려 차디찬 아스팔트 바닥에서 생활한 지가 1,000일이 넘었는데, 거대한 도시 울산에서 철거를 막는 데 온 사람이 고작 40명이었다. 지역에서마저 외면당한 듯해서 미칠 것만 같았다. 곁에 있어주는 것만으로도 힘이 된다는 것을 왜 모르나? 지켜주지 못해서 미안했다.

마음이 무거웠다. 하필 노조 대표인 김순자 지부장은 병원에 입원해 계신 상태였다. 강제철거를 당하고 수습하는 동안 병원을 찾았다. 김순자 지부장께 상황을 설명했다. 병원에서 홀로 얼마나 애쓰셨을지 안 봐도 뻔했다. 그러나 오히려 아사히 비정규직지회를 걱정해 주시는 말씀에 코끝이 찡했다. 이것이 진정 투쟁하는 모습이 아닌가 싶었다. 서로가 서로를 위로해 주고 위해 주는 모습이 진정 연대가 아닌가 싶다.

울산과학대 청소노동자들을 만나면 어머니, 아버지 품처럼 따뜻하고 그래서 우리는 그분들에게 늘 힘을 받아 왔다. 김순자 지부장이 첫 연대 때 하신 말씀이 아직도 기억이 또렷하다. "우리 나이가 60이 넘었는데 우리가 이겨서 들어간들 얼마나 더 일할 수 있겠노? 그렇지만 우리 자녀들도 그렇고 전국의 청소노동자들에게 희망이기에 절대 포기할 수 없다. 질긴 놈이 이기니까, 누가 이기는가 함 보자. 우리는 절대 포기 안 한다."

울산과학대 청소노동자들의 천막농성장에는 장구와 기타가 있었고, 노래가 흘러나왔다. 투쟁은 늘 즐겁게 해야 한다며 지부장님의 장구장단에 조합원들의 노래는 끊이지 않았다. 시간이 된다면 김순자 지부장의 투쟁가를 꼭 들어보길 권한다.

연대의 모범, 금속노조 KEC 지회

아사히 비정규직지회가 투쟁을 지속할 수 있었던 가장 큰 힘은 금속노조 KEC 지회이다. 함께 웃고 울어 줄 수 있는 사람들이다. 우리가 공장에서 쫓겨나 공장 앞에 천막농성장을 차리고서 가장 힘든 시기를 겪을 때 조합원 교육을 해주며 다독여주었다. 매일 근무를 마치면 찾아와서 아사히 조합원들이 지치지 않도록 함께 시간을 보내준 사람들이다.

음식을 나누면서 한 식구처럼 대해 준 금속노조 KEC 지회에 우리가 감사하다고 인사하면, 자신들이 어려울 때 연대 받았던 것을 지금 아사히 비정규직지회에 고스란히 전해 주는 것뿐이

ⓒ엉겅퀴

라고 한 말이 아직도 가슴에 남아 있다.

아사히글라스 공장 출근을 막는 사측과 마찰이 벌어졌을 때 처음이라 어리버리하던 나와는 달리 금속노조 KEC 지회 조합원들은 자신의 일처럼 열정적으로 항의하며 투쟁했다. 조합비가 없어서 투쟁이 어려움에 봉착했을 때 금속노조 KEC 지회가 결의해서 투쟁기금을 만들어 주기도 했고, 방송차도 우리가 마음껏 사용하도록 해주었다. 사무실도 함께 사용했는데 아무런 불편한 내색을 하지 않아 마치 우리 사무실인 양 편하게 쓸 수 있었고, 늘 우리에게 더 잘해 주지 못해서 미안해 했다.

금속노조 KEC 지회는 우리 아사히 비정규직지회가 잘 성장

할 수 있도록 돌봐주는 보모 같았고 작은집을 보살피는 큰집 같았다. 관심과 애정을 쏟아 아사히 비정규직지회가 성장하는 데 영양분을 공급해 준 고마운 이들이다. 만일 금속노조 KEC 지회가 없었더라면 우리가 민주노조를 사수하고 현장으로 복직하기 위해서 이렇게 긴 시간을 달려올 수 있었을까? 그들도 파업 후 노조탄압과 손배가압류 집행으로 경제적 어려움에 봉착해 있지만 자신들보다 더 힘들고 어려운 사람을 위해서 헌신했다.

우리는 그들의 연대를 통해서 세상을 보는 눈을 키웠다. 왜 연대해야 하는지, 왜 민주노조를 사수해야 하는지, 어떻게 싸워가야 하는지 하나씩 배웠다.

민주노조와 노동해방은
연대의 손을 잡아주는 마음에서부터

아사히 비정규직 노동자들의 투쟁이 길어지면서 생계를 해결하는 것은 큰 숙제가 되었다. 처음 6개월은 실업급여를 받으면서 견뎠고, 그 다음 6개월은 금속노조에서 해고자 생계비지원으로 해결했다. 턱없이 부족한 생활비마저도 동이 났다. 그러나 투쟁을 멈출 수는 없었다. 다양한 재정사업을 해 왔다. 생계비 해결을 위해 1인 1만원의 CMS 가입운동을 시작하자 금속노조 KEC 지회뿐 아니라 수많은 사람들이 십시일반 연대해 주어

지금까지 투쟁이 가능했다.

전국에 투쟁하는 곳이 아주 많다. 그 사람들의 요구는 소박하고 정당하다. 노동자도 사람이고 사람답게 살기 위해서 최소한 보장받아야 할 것들에 대한 요구이고, 그것은 권리이다.

연대하는 것은 어렵시 않다. 힘겹게 싸우는 사람들의 이야기를 들어주고 손 한번 잡아주는 것만으로도 큰 힘이 된다. 그리고 무엇보다도 연대를 통해서 세상을 보는 눈을 키울 수 있다. 직종, 업종, 산업별을 넘어서 노동자가 하나 될 때 이 땅에 진정한 민주노조도 사수될 수 있을 것이다. 함께 싸우고 함께 나아갈 때 이 땅에 노동해방도 꼭 올 것이다.

가족들의

사랑으로

고통을 이기고

+ + + +
+ +

+ + +

박
성
철

아내의 눈물

작년 가을, 상경투쟁 후 집에 내려와 쉬는데 배가 아팠다. 살살 아프던 배가 방을 데굴데굴 구를 정도로 아파 왔다. 결국에는 움직일 수가 없어서 119를 불렀다. 예전에 담석 치료를 한 적이 있는데 차라리 또 담석이길 바랬다. 왠지 다른 곳이 아픈 거라면 더 크게 고생할 것 같았다. 병원에서 진통제를 맞는 중에 더 센 진통제를 놔 달라고 할 정도로 통증은 가라앉질 않았다. 여러 검사를 한 결과, 췌장염이었다. 췌장이 많이 부어 있다는 것이다. 일주일 금식을 해서 췌장염은 가라앉았다.

췌장염은 좋아졌는데, 검사 결과 하나가 문제였다. 다른 수치들에 비해 뼈 수치(ALP)가 너무 높게 나온다는 것이다. 이런 경우는 성장기에 키가 클 때나, 아니면 뼈가 부러졌다가 다시 붙을 때라고 한다. 의사는 어디에 암이 생겨서 뼈로 전이된 게 아닐까 하는 것이다. '암'이라는 이야기에 아내는 눈물을 흘리고, 나는 정말 앞이 막막했다.

구미 순천향병원에서 결국 대구 경북대병원으로 갔다. 경북

대병원에서도 여러 가지 검사를 했다. 하루는 농성장에 있는데 053 번호로 시작하는 전화가 오는 것이다. 전화를 받았더니 병원이라면서, 혈액 쪽으로 안 좋다며 지금 교수님 보러 바로 병원으로 오라는 것이다. 그 이야기를 듣는데, 예전 직장에서 가까웠던 사람이 혈액암 진단을 받고 두 달 만에 세상을 떠난 일이 생각났다.

병원까지 어떻게 갔는지 기억도 제대로 안 난다. 의사 앞에 앉았는데 의사는 아무 말 없이 한참을 검사 사진만 보는 것이다. 속이 얼마나 타들어가던지……. 그러더니 의사는 혈액 쪽은 이상이 없는데, 뼈 수치만 이렇게 오르는 경우는 없다고 이런 현상은 처음 본다는 것이다. 혹시 뼈를 다친 적은 없는지, 순천향병원에서 했던 질문이 다시 이어졌다. 암이 아니라니 다행이었지만, 원인을 모르니 너무 답답했다. 혹시나 하는 마음에 구미로 돌아와서 위내시경과 대장내시경 검사도 했다. 내시경 결과는 다행히 좋았다. 결국 조심해서 지내 보고 다시 검사를 하는 것으로 이야기가 되었다.

설거지도 청소도 빨래도 열심히

최근 아프고 병원을 여러 군데 다니면서, 투쟁한다고 가뜩이나 이러고 있는 게 미안한데 아내에게 할 말이 없었다. 그래도 아내가 투쟁을 그만두라고 하지 않아서 고마웠다. 아내는 어린이집 교사다. 어린이집 일을 마치고 오후 4시 30분이면 퇴근하던 아내는, 최근 퇴근시간이 저녁 9시로 늦어졌다. 이유는 투잡을 시작했기 때문이다. 몇 달 전부터 어린이집 일을 마치고 한 의원에서도 일을 하고 있다.

투쟁을 시작할 무렵 나는 아내에게 "정 힘들면 얘기해라. 그라믄 내가 위로금 받고 그만둘게"라고 말했다. 하지만 아내는 투쟁 그만두라는 이야기를 안 했다. 투쟁 초반의 1차 위로금에 이어 2차 위로금 이야기가 나왔을 때도 아내는 "고마, 내가 벌면 된다" 그래 줬다. 지금껏 "빨리 돈 벌어온나"라는 소리를 하지 않은 아내였다. 근데 암일 수도 있다는 이야기에 아내는 결국 눈물을 보이고, 나는 아무 말도 못 했다.

그래서 나는 요즘 집안일을 열심히 하려고 한다. 나도 사람인지라 뭐라도 해야지……. 예전에는 설거지까지만 했다면, 요즘에는 청소도 하고, 빨래도 돌리고 널고 개고 한다. 그리고 아내를 대신해서 여섯 살 된 아들을 어린이집에서 데려와서 돌본다. 최근에는 부쩍 친해져서 엄마 말고 아빠가 데리러 오라는 이야기도 한다.

"다치지 마래이!"

아빠가 하는 일을 모르는 여섯 살 아들과 달리 초등학교 6학년이 되는 딸은 한번씩 마음을 뜨끔하게 만든다. 아내와 텔레비전을 보고 있는데 촛불집회 장면이 나오니까, "아빠, 데모하러 가?" 하는 것이다. 이런저런 이야기를 나누다가 자기 방으로 들어가면서 딸이 한마디 툭 던진다. "다치지 마래이!" 어린 딸에게서 짧은 걱정의 말을 듣는데 내가 투쟁하는 이 상황이 서글프기도 하고, 딸이 알고도 모른 척하는 게 마음 아팠다.

설날이 지나고서는 이런 일도 있었다. 딸이 "아빠, 돈 있나?" 묻는 것이다. "왜?" 하고 물으니, "그냥, 내 용돈 좀 줄라고. 아빠 돈 없잖아……. 세뱃돈 받은 거 있는데" 해서, 웃으면서 "됐다, 마" 했다. 아빠와 딸이 반대가 돼야 하는데, 서글프기도 하고 미안하기도 했다. 아무리 그래도 나도 한번씩 딸에게 용돈을 주는데, 투쟁하고 나서부터는 "아빠 써. 아빠…… 없잖아" 하면서 안 받는다.

걱정은 아내나 딸만 하는 것은 아니다. 해고되고 나서 나는 부모님과 주변 친척들에게도 이렇게 알렸다. "말도 안 되게 잘려서 다시 들어가려고 준비 중이다"라고. 그러면서 가족과 친지들은 자연스럽게 내가 투쟁한다는 것을 알게 되었다. 가끔 아버지는 "고마 딴 거 해야 될 낀데……" 하시고, 어머니는 "이카고 있으니, 니가 술도 더 먹게 되고 담배도 더 피게 되고……. 몸이 더 상하는 거 아이가" 하신다.

백남기 어르신이 쓰러지신 민중총궐기 때에는 텔레비전으로 집회 장면을 보고는 전화가 많이 왔다. 다들 전화를 걸어서는 "니, 거 갔나?" 한다. 나는 "여, 서울 아니다" 했다. 모두들 "그런데 가고 하면 안된대이" 해서 그러겠다고 했다. 물론 나중에 딸이 이야기해서 다 알게 되었지만 말이다. 알고 나더니 "어떡하겠노" 하면서 그냥 웃으며 지나갔다.

정든 내 일터에서 다시 오래 일하고 싶다

내가 투쟁을 하고 나서 가족들은 모두 내 걱정을 하느라고 바쁘다. 특히 아내는 서울 상경투쟁은 웬만하면 안 했으면 해서 대신 구미 투쟁 일정에 열심히 하려고 한다. 아내는 투잡을 시작했고, 아무것도 모르고 아들은 아빠랑 있는 시간이 늘어나서 신나 하고, 딸은 아빠가 다칠까 봐 걱정하는 마음을 드러내기도 하고, 아빠 용돈이 떨어질까 봐 돈이 있는지 한번씩 묻는다.

가족들에게 잘해야지 생각해도 잘 안 되고, 아프면서부터는 내 처지가 이러니까, 내가 잘할 수 있는 게 없는 것 같아서 이래저래 마음이 복잡하다. 사실 이번 설을 지나면서 다른 일을 하러 갈까 고민도 했다. 하지만 우리 싸움의 결과를 보고 싶은 마음이 더 컸다. 9년 가까이 일한 아사히글라스에서 다시 오래 일하고 싶다.

가족에게 사랑을
쏟을 수 있는 날을
기다리며

허
상
원

조직부장을 맡다

노동조합 가입을 할 때 한 치의 망설임도 없이 가입하였다. 왜냐하면 지금 다니고 있는 회사의 노동조건과 임금을 바꾸어 보고 싶었기 때문이다. 조합원으로 활동하면서 아사히 회사와 시청 노동지청과 참 많이도 싸우고 싸웠다. 그렇게 많은 시간을 보내면서 경제적으로 힘들어졌다. 아내 몰래 카드 대출까지 받기도 했고, 밤에 뭐든 아르바이트도 해볼까 마음도 먹었다.

그즈음 지금은 노동조합을 떠난 수석 부지회장이 부탁이 있다며 보자고 했다. 순간, 돈을 빌려 달라고 하면 어쩌지 하는 생각이 들었다. 그런데 막상 만나고 보니, 조직부장을 맡아서 해 달라고 했다. 놀랐다. 굳이 나를……. 이번 달 끝나면 대리운전 할 계획이라고 대답했다. 아내한테 대리운전 한다고 말까지 했는데……. 그러나 짧은 순간, 조합이 먼저라고 생각되었다. 다섯 달 공석이 된 조직부장을 누구라도 맡아야 한다고 생각하고 있는데 그게 내가 될 줄은 몰랐다.

그렇게 조직부장을 맡고 아내에게는 바로 말하지 못했다. 여

지껏 투쟁하는 걸 참아주는 것도 고마운데 간부까지 하게 되었다는 말을 차마 할 수 없었다. 한참을 아내에게 말하지 못했다. 하루는 아사히 투쟁 집회에 온 아내가 조직부장이라는 이름표가 쓰인 투쟁 조끼를 입은 내 모습을 보고 긴 한숨을 내쉬었다. 나는 뭐라 말도 못 했고, 그날 아내의 표정이 지금도 선명하게 기억난다. 항상 나만 생각하는 것 같아서 미안했다. 내가 조합 활동하면서 아내는 걱정하고 불안해 하면서도 잘 참아주고 있는데, 너무 미안하고 미안했다.

아내의 지지에 힘을 얻고

며칠이 지나서야 아내가 조용히 나에게 물었다. 언제까지 할 거며, 희망은 있느냐고. 이제껏 22년을 같이 살면서 많이도 고생을 시켰는데 마음이 무거웠다. 솔직한 나의 생각과 마음을 얘기했다. 맨처음 투쟁을 하면서 마음에 새긴 심정을 이야기해 주었다. 이 투쟁이 내 인생의 마지막 싸움이라 생각하고 열심히 싸울 것이고 꼭 이겨서 내 생각이 틀리지 않았다는 것을 가족들에게 보여주고 싶다고. 또 주변에서 많은 걱정과 염려를 해주시는 모든 분들께도 내가 틀리지 않았다는 것을 진짜 보여주고 싶다고.

나의 말에 아내는 "왜 꼭 그래야 되는데, 왜 꼭 당신이 간부를 해야 되는데?" 하며 불만 어린 말투로 대꾸했다. 하지만 아내와

많은 이야기를 나누며, 당신이 한 말 꼭 책임져서 한번 해보라
는, 그때까지 참아주겠다는 아내의 마음이 느껴졌다. 미안하고
고마웠다. 아내의 지지에 다시 힘을 얻을 수 있었다.

어머니의 큰 사랑

아내 이야기로 시작했지만, 나에게는 아들과 딸 그리고 치매
에 고생하시는 어머니까지 계신다. 대부분의 어머니들이 그렇
듯 우리 어머니도 자식들을 위해 헌신하며 살아오셨다. 아내와
나는 어머니와 같은 동네에서 신혼 살림을 시작했다. 어머니는
서툰 아내에게 이것저것 잘 가르쳐 주셨고 딸처럼 잘해 주셨다.
아내도 어머니께 잘하는 모습을 보면서 아내가 더 예뻐 보였다.
임신을 하고 아이를 키울 때에도 어머니는 모든 정성을 우리 가
족에게 쏟으셨다. 결혼 생활 8년쯤에 음식점을 하게 되었는데
어머니께서 참 많이도 도와주셨다. 항상 당신보다는 자식을 먼
저 생각하셨고 며느리와 손자들 생각만 하셨다. 그런 어머니의
큰 사랑이 있었기에 아이들은 모두 할머니를 좋아한다. 특히 아
들놈이 좋아한다.

그때가 그립다. 지금은 치매로 모든 기억을 잃어버렸다. 주
중에는 투쟁을 하고, 주말에는 집 근처 요양시설에 계신 어머니
를 찾아 뵙는다. 거동을 못 하시고 이빨도 다 빠져서 음식도 가
려서 드셔야 한다. 그런 어머니를 보고 나설 때면 눈물이 난다.

"어머니, 오래오래 건강하게 살아주세요"라는 말을 꼭 드리고 싶다.

나는 가족에게 미안한 사람

운전을 못 하는 아내는 주말에는 바람 쐬러 나가고 싶어하는데, 투쟁으로 피곤하다는 핑계로 아내의 작은 바람도 들어주지 못하고 있으니 미안하다. 사회 생활을 잘 하는 아내는 언제나 분위기 메이커다. 말도 잘 하고 사람들을 배꼽 빠지게 웃게 해서 어디서나 인기가 많다. 아내가 모임에 나오지 않으면 재미가 없다고 안 나오는 사람들도 있을 정도다. 그렇게 활발하고 목소리도 큰 스타일이지만 나에게만은 언성도 안 높이고 잘 맞춰 준다. 늘 헌신적인 아내에게 미안하다. 꼭 투쟁을 승리해서 아내 얼굴에 환한 웃음을 안겨주고 기쁘게 해주고 싶다.

공부도 하고 이것저것 자기가 하고 싶은 일도 잘 찾아서 하던 아들은 작년에 입대를 했다. 아이들이 초등학교 입학을 하기 전에 목욕탕에서 일을 했다. 목욕탕 일은 주중에 좀 여유가 있고 주말이 바쁘다. 주중에 시간을 내서 어머니와 아들 딸과 함께 바다로 산으로 많이 놀러 다녔다. 돌이켜보면 그때 아이들과 많이 놀아준 게 참 잘한 일인 것 같다.

올해 딸은 고3이 된다. 딸이 고1 때 투쟁을 시작했는데 벌써 고3이다. 아빠가 투쟁한다고 항상 불만이 많은 딸이다. 그래도

아빠에게 말을 많이 걸어주고 장난도 쳐 준다.

　딸이 고2였던 작년, 영어학원에 보내 달라고 했다. 며칠을 조르길래 학원 등록을 해주려고 학원 앞에서 만난 딸에게 "니, 진짜 할 끼가?" 하며 몇 번을 되물었다. 곧 고3이 되는 딸이 공부를 하겠다는데 그것도 재차 확인할 수밖에 없었다. 아빠 말이 서운했는지 그냥 집에 가자고 했다. 며칠 더 생각하겠다며 등록을 안 하고 집으로 오는 길에 딸아이가 우는 모습을 보았다. 그냥 아무 말 없이 등록시켜 줄걸, 후회가 들었다. 딸아이에게 다시 하고 싶다는 생각이 들면 그때는 아빠가 아무 소리 안 하고 시켜 준다고 약속하고, 이틀 뒤에 학원 얘기가 나와서 바로 등록을 해줬다.

학원비 첫 달은 내주었는데 둘째 달부터는 딸이 스스로 등록을 했다. 토, 일요일에 뷔페에서 친구랑 같이 연회장 정리하는 알바를 해서 학원비를 내는 것이다. 그 모습을 보면서 딸이 시건이 있구나 하는 생각이 들었지만 한편으로는 미안하고 고마운 마음이 너무 컸다.

당신에게 괜찮은 남편이 되고 싶어

나는 가족에게 참 미안한 사람인 것 같다. 어머니에게 미안하고 아들에게 미안하고 딸에게 미안하고. 그렇지만 아내에게 제일 미안하다. 아내와의 일들을 떠올려 보니, 아내가 무얼 좋아하는지 알면서도 잘 못해 준다. 주말에 바람도 쐬러 가고 일주일에 한 끼는 외식 하고, 버스정류장까지 차로 마중 나와 주고, 딸이 늦을 땐 딸아이 마중도 나가 주고, 투쟁이 바빠도 집안일도 함께 해주고……. 그렇게 일상의 작은 것들을 함께 하고 싶어 하는데, 나는 여전히 투쟁으로 힘들다는 핑계만 대고 있으니 너무 미안하다. 밖에서는 투쟁하는 조직부장일지 모르지만 집에서는 아내에게 괜찮은 남편이어야 할 텐데…….

내가 아내에게 듣고 싶은 말, 당신의 투쟁을 지지한다는 말을 듣고 싶어 하면서도, 나는 아내가 원하는 사소한 것들을 못 해주고 있으니 계속 미안하다는 말만 되풀이하는 것 같다. 아내에게는 정말 미안하지만 조금만 더 기다려줬으면 좋겠다고 말하고 싶다. 지금 투쟁에 쏟는 이 열정을, 투쟁이 마무리된 후 그때는 가족에게 아내에게 쏟겠다는 약속과 함께.

미안해! 빨리 끝내고 당신 옆으로 갈게.

곁에 있고 싶은

아빠의 마음

한
상
기

나는 아내가 있고, 아이가 셋이다. 큰아들이 열 살, 둘째 딸이 다섯 살, 그리고 막내 아들이 세 살이다. 월 생계비 100만 원 중에 조합비 3만 원 빼고 나머지로 생활한다. 그 돈으로 다섯 가족이 살아가려니, 우유배달을 시작했다. 우유배달을 하려면 새벽 3시에 일어나야 하는데, 남들은 힘들겠다고 하지만 3시 기상이 적응되니까 괜찮다. 좋은 점도 있다. 우유배달을 하다 보니 끈기랄까, 어떻게든 버텨보자는 그런 맘 같은 게 생겨서 괜찮기도 하다.

　내 이야기를 하라고 하면 사실 별로 할 게 없다. 고향이 상주이고, 20대 후반부터 산 구미가 제2의 고향이라 할 수 있다. 아이들 이야기라면 그래도 좀 할 수 있겠다. 큰아들은 그림에 소질이 있다. 초등학교 1학년 때부터 상장을 많이 받았다. 최근에는 대구은행에서 하는 그림 축제에서 금상도 받았다. 성격이 나를 닮지 않고 활발하다. 친구들이 서먹서먹하게 있으면 장난쳐서 분위기를 부드럽게 해주기도 한다. 그래서인지 학교에서 '친구들 즐겁게 해주는 상'도 받았다. 뭐 하나를 그려도 무늬가 많이 들어가고 세세하게 꾸미는 걸 잘한다. 물건을 예쁘게 포장하는 걸 잘하지 못하는 나랑은 반대다.

둘째도 성격이 나를 닮지 않아 활발하다. 어린이집 2년차이고 내년에는 유치원에 간다. 둘째도 친구들 즐겁게 해주고 웅변도 잘한다. 무용도 잘하고, 목소리도 크다. 막내는 어린이집에 다닌다. 그러고 보니 막내가 내가 투쟁을 시작하고 나서 태어났다. 2015년 11월생이니…… . 내가 이렇게 둔하다. 아내가 임신중일 때 투쟁을 시작했기 때문에, 아내는 막내가 태어난 후 아이 셋을 보느라 정신없이 살다가 최근에는 식당일까지 하게 되었다. 아내가 그동안 얼마나 힘들었을까…… .

사실 내가 구미에 정착하고 일을 시작한 건 가족 때문이다. 토목과를 나와서 건축현장을 따라 여기저기 돌아다니면서 일을 했는데, 그러다 기러기 아빠가 될 것 같았다. 기러기 아빠가 되기 싫어서 나는 가족과 함께 있으려고 구미에서 일을 시작했다. 구미에서 엘지 1, 2, 3, 4, 5공장 용역업체를 돌아다니고 삼성코닝 용역업체에서도 일했다. 유리 작업하는 일을 하다 보니 자연스럽게 유리 쪽 일을 하게 되어 아사히글라스까지 왔다.

가족을 위해서 구미에 왔는데 구미에 와서는 계속 비정규직이었다. 그래도 내 자식들에게는 비정규직 물려주지 않으려면 내가 싸워야겠다고 생각했다. 다행히 아내가 "힘들지만 당신이 생각한 걸 따라가겠다"고 해줬다. 그런 아내의 말에 마음으로는 안심이 되었지만, 경제적으로 어려워지는 것에는 여전히 두

렵다. 투쟁하면서 함께 일할 수 있는 알바를 찾다가 시작한 것이 우유배달이다.

해고가 되니 대출도 어렵고 나도 아내도 짜증이 늘어나고 있다. 다행히 내가 성질을 내면 아내가 참고, 아내가 성질을 내면 내가 참는다. 아내에게 미안하지만 그걸 잘 표현하지 못한다. 한편으로는 불편한 마음이 있어도 그걸 표현 안 하고 무던한 편이라 오히려 관계가 오래가는 것 같기도 하다.

부모님은 처음에 모르시다가 최근에 알게 되셨다. 원래는 마른 편인데, 제대로 쉬지도 못하고 술도 먹게 되고 하다 보니 몸이 많이 부었다. 부모님이 무슨 일 있냐고 자꾸 물어보셔서 결국에는 아셨다. 아버지는 "네 생각대로 해 봐라" 하고 말씀하셔서 그 말씀만이라도 도와주시는 거라고 생각한다. 어머니는 "애들도 있는데, 빨리 벌어야지" 하신다. 새로운 일자리를 소개해 주시려고도 한다. 그래도 투쟁은 절대 안 된다고 말리지 않으셔서 고맙다.

내가 말주변만 없는 게 아니라, 글주변도 없어서 더는 못 쓰겠다. 다만 살아남아서 원직·복직하고 싶다는 말은 하고 싶다. 그래서 기러기 아빠가 아니라 곁에 있어주는 아빠가 되고 싶었던 마음을 지키며 살고 싶다.

동지에 대한

믿음으로

임
종
섭

'높은 분'이 만나고 싶다고 한다

어느 날 아사히글라스 공장에서 정규직으로 일하는 동창생이 연락을 해 왔다. 어린 시절 함께 학교에 다녔던 것 말고는 별로 친분도 없는 녀석인데, '높은 분'이 나를 만나고 싶어 한다며 연락해 온 거다. 내가 무엇하러 그 사람을 만나야 하나 싶어 "네가 대신 이야기 좀 해줘" 했더니 무척 당혹스러워하면서 "높은 사람이 내 말은 안 믿어. 너를 직접 만나고 싶대. 나도 너 때문에 회사에서 매일 시달리는데 제발 좀 만나줘라" 하면서 사정을 하길래 생각해 보겠다고 했다. 그러던 중 촌에 일 거들러 가는데 또 연락해서는 보자고 하는 거다.

지회장에게 사정을 설명하고 그들을 만나도 되겠냐고 물어보니 지회장은 한술 더 떠서 "형님, 만나서 뭐라고 말하는지 녹음을 해보지요" 하는 거다. 내 핸드폰은 구식 폰이라서 녹음이 잘 안 될 것 같아, 아들이 와이파이로 인터넷 게임을 하는 공폰을 사용하면 되겠다 싶었다.

약속을 잡고 친구를 만나러 나갔다. 커피나 한잔 하면 되겠다 싫었는데 밥을 먹자고 한다. 구미 신평동 쪽에 있는 식당가로 가자고 했더니 친구는 "그분이 안 좋아하실 거"라면서 조용한 곳으로 가자고 한다. 조용한 곳 어디냐고 하니까 금오산 쪽으로 가서 백숙이나 한 그릇 먹자고 한다. 친구의 차를 타고 따라가니 정말 금오산 뒤쪽 저수지로 올라가는 길 끝에 조용한 백숙집이 하나 나왔다. 그리로 들어가 백숙을 시켜 놓고 이런저런 이야기를 나누다 보니 그 높으시다는 사람이 왔다.

그는 아사히글라스 공장의 노사협의회 근로자 대표라고 했다. 나는 화장실에 들어가서 준비해 온 녹음기를 겉옷에 부착한 뒤 녹음기를 켰다. 그러고 돌아와 겉옷을 벗어 한쪽에 놓았다. 충전을 충분히 해 왔지만, 친구와 둘이서 40분을 넘게 있었기 때문에 그 사람과 이야기하는 도중에 배터리가 다 닳아 녹음이 끊길 수도 있었다.

사측의 회유와 협박

그 사람은 내게 다른 일자리를 알아봐 줄 테니까 노조를 그만두라고 했다. 나는, 내가 지금 마흔다섯이 넘었는데 문자로 해고해 놓고는 다른 일자리를 소개해 준다고 하면 그게 말이 되냐, 그럴 것 같으면 그냥 일하던 대로 다시 일하게 해 주면 되지 뭣 하러 다른 데 소개받겠냐고 했다. 그 사람은 아사히글라스로 돌아가는 건 안 된다고 딱 잘라 말했다. 희망퇴직 위로금 받고

소개해 주는 다른 일자리로 가라고, 노조 활동을 그만하라고만
했다.

사실 현장으로 다시 들어오라고 했더라면 나는 다른 것 생각
할 것도 없이 그 양반의 말을 들었을 텐데, 엉뚱한 말을 하는 그
가 괘씸했다. 술도 한잔 들어갔겠다, 하고 싶은 말을 참고 있을
필요가 없었다. 노조를 그만두게 하려고 꼴랑 돈 천만 원에 위
로금 조금 더 얹어 주겠다고 하는 게 얼마나 아니꼽고 더럽던
지 화만 솟구쳤다. 내가 일했던 현장으로 돌아가면 평생 일하면
서 먹고살 수 있는데 돈 천만 원으론 아무것도 못 할뿐더러, 설
령 3천만 원을 준다고 해도 일 년치 연봉밖에 안 되는 돈이다.
지금 당장은 힘들고 어렵지만, 싸워서 현장으로 돌아가는 게 더
가치 있다. 나는 그게 답이라고 마음먹었다.

노조를 파괴하는 방법

그들은 우리에 대해서, 아사히 비정규직지회에 대해서 다 꿰
뚫어보고 있는 듯했다. 누가 어디서 무엇을 하고 다니는지 일거
수일투족 사진 찍고 감시하고 일정 체크하면서 기록하고 있는
듯했다.

그들은 "차헌호 지회장은 공장에서 일할 사람이 아니다. 민
주노총에 한자리 차지하려고 지금 남은 조합원들을 이용해 먹
는 거다"라며 간교하게 험담을 해대지만, 내 귀에는 그런 말은

하나도 들리지 않았다. 나는 내가 일했던 현장으로 돌아가고 싶은 마음밖에 없는데 차헌호가 어떻다는 게 뭐가 중요하단 말인가? 그리고 지회장이 다른 노조위원장들처럼 회사와 뒷거래나 하는 사람이 아니라고 믿었기 때문에 저들의 이야기는 내 귀에 하나도 들리지 않았다.

술이 조금 되었을 때 잠시 화장실에 다녀왔다. 그때 우리 집 이야기를 하고 있었던가 보다. "쟈가 집도 있고 땅도 있고 소도 키우고 해서 자산이 10억 정도 될 겁니다. 그래서 노조 안 해도 되는데 와 저렇게 고집을 피우는지 모르겠습니다" 하며 주고받은 대화가 나중에 녹음을 풀면서 들어보니 나왔다. 뜻하지 않게 내가 갑부 집 2세가 되어 있었다.

그날 내가 그들과 대화한 녹음 파일은 중요한 증거 자료가 되었다. 당사자인 내가 있는 자리에서 녹음한 것은 법에 저촉되지 않는 증거가 된다. 그 파일 덕분에 구미공단의 전쟁범죄기업인 아사히글라스 자본이 노조를 어떻게 파괴하려고 하는지 만천하에 알려내게 되었다.

내가 버텨야 하는 이유

예전에 오리온전기에서 일한 적이 있었다. 거기에도 노동조합이 있어서 조합원이었는데, 그 노조는 조합원들 요구를 모아서 회사에 전한다고 했지만 노조위원장은 회사에서 뒷돈이나 받아 챙기고 조합원은 나 몰라라 했기 때문에 다시 노조를 하고 싶은 마음은 별로 없었다. 그랬지만 아사히 비정규직지회에서 노조를 해 보니 우리 지회장은 그럴 사람이 아니라는 믿음이 생겼다.

오리온전기는 그 당시 사양산업이고 폐업을 할 때라서 미련을 둘 수가 없었다. 단돈 얼마라도 챙겨서 나올 수밖에 없었다. 그러나 아사히글라스는 공장이 계속 가동되고 있고, 앞으로도 전망이 있는 산업이라는 희망이 있다. 모두가 그런 현장으로 돌아가 함께 일하면서 먹고살 수 있기를. 그 한 가닥 희망이 내가 버텨내야 하는 이유다.

정의가

살아 있는 세상을

만들기 위해 + + + +

+ +

+ + +

민

동

기

법이 정의로운 줄 알았다

인간답게 살고 싶었기에 시작한 투쟁 속에서 나는 몇 차례의 고소·고발을 겪으며 크고 작은 경험을 하게 되었다. 아직 노동조합 초년생인 나로서는 법과 정의가 어떻다고 감히 말할 수 없다. 다만 경험과 관심 속에서 법과 정의가 잘못되어 있다는 것을 확실히 느끼게 되었다.

과거에 나는, 죄를 졌다면 죗값을 받아야 하는 것이고, 경찰이나 검찰에서 잘못한 일이라고 판단했다면 억울하더라도 당연히 받아들여야 한다고 생각하며 살아왔다.

실제로 이런 일도 있었다. 친구들과 술자리에서 옆 테이블 손님과 다툼이 생겼고 우리가 먼저 폭행을 당해서 서로 밀치는 과정에 약간의 상해를 입고 입혔다. 그런데 당시 경찰은 우리가 어리다는 이유만으로 어른한테 그러면 안 된다느니, 커서 뭐가 되려고 그러냐느니, 주위의 나쁜 친구들 이름을 말해 보라느니, 바로 말 안 하면 감방에 가야 한다느니 하면서 도리어 우리를 윽박질렀다.

지금 생각해 보면 어처구니가 없다. 더 화가 나는 건 판결이었다. 그 일로 우리는 즉심까지 가게 되었고 봉사활동과 집행유예를 받게 되었지만, 상대방 어른들은 무죄로 훈방 조치되었다. 나중에야 알게 된 사실이지만 그 상대들이 공무원이었던 것이다. 그때는 그런 것이 당연한 줄 알았다. 높은 사람들은 잘못을 해도 봐준다는 것을……. 지금 생각하면 억울한 정도가 아니라 경찰서를 폭발시켜 버리고 싶은 심정이다.

법을 조금이나마 배우고 있는 지금에 와서 생각을 해봐도 과거에는 정의 따윈 없었던 듯하다. 그렇다고 지금 현실은 법이 정의로워졌는가? 절대 아닌 것 같다. 현실에 발 딛고 살아가는 한 사람으로서 겪고 들여다본 법과 정의는 더럽고 추악한 듯하다. 법이 절대적이지 않고, 정의 또한 절대적이지 않다. 하지만 법률가들은 법을 무기와 수단으로 활용하여 세상을 바꾸려 하는 것 같다. 물론 그 속에는 무수한 배경과 권력의 손 안에서 놀아나는 악법의 근본인 돈이 있는 것 같다.

그리스어에서 '법'(dike)과 '정의'(dikaiosyne)는 같은 어근(dik)이다. 로마어의 '법'(jus)도 '정의'(justitia)와 같은 어근(jus)이다. 이처럼 법이 정의로워야 한다는 것을 확인시켜 주지만, 우리 삶 속에 있는 법은 전혀 그렇지 않은 듯하다. 법으로 옳고 그름을 판단해야 할 법률가는 정의를 비웃고 돈과 권력에 충성하는 듯 보인다.

노조가 겪고 있는 법률 문제들

아사히 비정규직지회에서도 법률 문제들이 있다.

한 예로 조합원의 폭행 사건이다. 문자 한 통으로 해고되던 당시 우리들은 개인 사물함조차 정리를 못한 채 쫓겨났다. 그리고 얼마 후 사물함 정리를 하기 위해 회사에 들어가게 되었고, 그 과정에서 한 조합원이 경비를 폭행했다는 고소장이 접수되었다. 조합원은 경찰 조사를 받으며 말하였다. 절대로 폭행하거나 상해를 입힌 적이 없다고.

피해자 측은 증거는 없이 증인만 세 명 있었다. 공통된 증언도 하나뿐이었다. "그 모자를 쓰고 저 사람이 밟았다"라는 것. 나머지는 진술 조사 내용이 다 달랐다. 그리하여 1심 재판에서 판사의 언성이 높아지기도 했다. 당연히 우리는 무죄라고 생각하며 재판을 지켜보았는데, 유죄 판결 금고형을 내렸다. 어떻게 이 사건을 유죄로 판결할 수가 있단 말인가. 도대체 왜? 무엇 때문에 무죄를 내리지 못하는 것일까?

너무도 억울한 마음에 판결에 불복하여 항소하게 되었고, 2심 재판에서 판결 날이 잡혔다. 무죄가 당연할 거니 편안한 마음으로 참관하여 판결을 기다렸는데 그 결과 항소 기각. "왜?"라는 의문들뿐이었고 답답하고 속에선 울화통이 터질 것만 같았다. 하지만 나보다 당사자가 더 힘들 것 같아 티를 많이 내지 못하고 조합원을 위로해 주는 말뿐 더 해줄 수 있는 게 없어 속이 많이 상했다. 판결문을 받아 보고 변호사와 상의 후 상고를 하려 했지만 의미 없는 싸움이고 조합원만 지칠 것이 뻔했기에 그대로 결론을 지을 수밖에 없었다. 이런 식의 판결이라면 지나가는 개도 판·검사를 할 수 있을 것이다. 서로 짜고 죄 없는 사람을 고소한다면 무죄도 유죄가 된다는 뜻이다. 너무나 비참했다.

더 어처구니없는 사건도 있다. 2015년 7월부터 노동부(고용노동청)와 지방노동위원회에 제기한 부당노동행위와 불법파견 등 다섯 가지 사건이다. 지노위는 우리 사건을 손댈 필요도 없었는지 각하시켰고, 중앙노동위원회 재심 판정은 그나마 우리의 손을 들어주었다. 하지만 사측은 이에 불복하여 현재까지도 행정소송 중에 있으며 노동부에 고소한 사건들은 현재 한 건도 해결되지 않은 채 진행 중이다. 노동자를 제일 잘 알고 노동자의 입장을 생각해야 될 노동부조차 우리를 무시하려 한다. 노동부 지청장은 우리가 받은 고통의 목소리를 한마디도 들으려 하지 않고 고소 건의 얘기를 하게 되면 오히려 할 수 있는 게 없다고 회피하려 든다.

노동자를 외면하는 법과 정의

얼마 전 노동부 과장도 노동자를 우롱했다. 이번 일로 노동부에 항의하고 면담을 하면서 과장은 약속했다. 본인 인사 있기 전까지는 끝내겠다고. 사실 이 일이 벌어지고 지청장, 과장, 담당 근로감독관이 한 번씩 바뀐 상태라 모든 것이 제자리걸음이었다. 새로 부임하면 또 처음부터 서류 검토, 조사, 진행……. 그런데 그리 약속한 과장은 간다는 말도 없이 사라졌고 갑자기 다른 사람이 그 자리를 맡았다. 지금까지 우리들의 목소리는 어떻게 되는 것인가, 개탄하지 않을 수가 없었다.

과연 우리의 편은 누구이고 어디에 있는 것인가. 지자체, 노동부 모두가 자본가와 권력의 편이 되는 이런 사회에서 어찌 올바른 법의 판단과 정의를 바란단 말인가.

검찰의 경우도 이 사회의 법과 정의를 다시금 볼 수 있는 일을 벌이고 있다. 기소를 하든 불기소 처분을 하든 판단을 내려야 할 담당 검사는 판단을 다음 검사에게 미루고 연수를 가버리고, 언제 판단할 거냐고 항의하면 현재 중앙노동위원회와 사측이 진행 중인 행정소송 결과를 보고 판단할 것이란다. 분명 미친 것이다. 미치지 않고서야 저런 말도 안 되는 소리를 할 수 있단 말인가. 검찰은 사건을 수사하고 죄인을 기소할 수 있고, 법원은 사건에 대하여 최종적인 판결을 하는 역할을 각자 맡고 있을 텐데, 어떻게 행정소송의 결과를 보고 판결을 한단 말인가. 우리 사건이 똥도 아니고 더러워서 서로가 미루고 미루는 것만 같다. 이것이 법조인들이 거들먹거리는 정의인가? 참으로 더러운 세상이다.

우리에겐 생존이 걸려 있는 사안인데 저리도 책임감이 없는지 이해할 수가 없다. 사측에 거대 로펌이 법률 대리인으로 있고 어마어마한 자본이 있기에 저리할 수 있지 않은가 싶기도 하다. 현재 돌아가는 시국을 본다면 정답일지도……. 힘없는 사람만 더 힘들어질 것이고 가진 자들은 오히려 큰소리 치고 법을 주무르며 살아갈 것이다. 그들에게는 법보다 더 강한 것이 바로 돈과 권력일 테니, 이 둘만 있다면 법이 정한 테두리 내에서 또는 법 테두리 밖에서 남들과 다른 생활을 누릴 인간들, 그 만행을 알고도 덮어주는 정치 법률가들, 생각만 해도 치가 떨린다.

악법을 깨뜨리고 승리하는 날

정의 따위 없는 법률가들의 지배 속에 살고 있는 우리들이 할 수 있는 것이 무엇이 있을까? 법이라는 테두리에 갇히게 된다면, 우리는 세상을 변화시킬 동력을 스스로 잃어버리게 될 것 같다. 분명히 법은 남보다 더 잘살기 위해서가 아닌, 모두 다 같이 살기 위해 만들어진 것인데, 그 법 때문에 너무 힘들고 지쳐만 간다.

법과 절차의 형식마저 무시되고 정의의 회복을 위한 작은 목소리마저 멸시당하는 타락한 현실이 언제까지 유지될지 모르겠지만, 분명한 것은 정의롭지 못한 법은 결코 정당성을 갖지 못한다는 것이다. 이러한 법이 현실을 따라가지 못한다고 해서 좌절하고 포기한다면 그 누구도 새로운 역사를 쓰지 못할 것이다. 이 사실을 알기에 우리는 자식들의 미래와 새로운 역사를 위해 끝까지 싸워 승리의 깃발을 흔드는 것이 지금의 악법을 이기는 길이라 생각한다.

현재의 법은 분명 법이지만 그 법을 법률가들이 악용하기에 법의 가치가 떨어지고 정의가 서지 않는 것이다. 그 법을 쟁취하기 위해서 우리는 무수한 노력들을 헤야 할 것이다. 정당한 법은 지키고 악법은 어겨서 깨뜨리며 정의가 꼭 승리하기를 바라 본다. 나 역시 법에 대해 더 배우고 익혀서 우리 동지들이 다치고 마음 아픈 일들을 겪지 않도록 최선을 다해 노력할 것이다. 우리 아사히 비정규직지회는 돈과 권력 앞에 굴하지 않고 정의가 살아 있는 법의 판단을 받을 때까지 악법과 싸우고 깨뜨려 승리할 것이다.

ⓒ엉겅퀴

© 장영식

노동조합에서

함께하는 삶을

배웠습니다

안
진
석

노동조합을 알기 전의 나

나의 삶과 생각은 노동조합을 알고 노동조합 활동을 하게 된 이전과 이후로 나누어집니다.

노동조합 활동을 하기 전에는 "나를 무시하는 자가 있으면 그자가 나를 무시하지 못할 만큼의 위치에 오르자"고 생각했습니다. 강자 앞에선 약자로, 약자 앞에선 강자로……. 서로가 서로를 짓밟고 짓밟히며 사는 게 세상을 움직이는 원리이고 정답이라고 생각했습니다. 물론 이런 생각을 내보이며 살 수는 없었습니다. 왜냐하면 사람들은 자기 일이 아닐 때는 이런 생각에 동의하지 않으니까요. 하지만 자기 일일 때는 이런 내 생각처럼 움직이는 것 같았습니다.

늘 내 가슴속에는 분노가 가득 차 있었습니다. 그런데 그 분노의 정체가 도대체 무엇인지 알 수가 없었습니다. 서점에 가 이런 책, 저런 책을 찾아 읽어보았습니다. 불교 신자는 아니지만 부처님의 말씀도 찾아 읽어보았습니다. 때때로 마음을 다스려보기도 했지만, 여전히 답답했습니다.

그러던 중 우연히 노동조합을 만났습니다. 누군가 "노동조합은 인생에 한 번 올까 말까 한 기회이고, 기회를 잡으면 신세계를 볼 것이다"라고 했습니다. 나는 그 신세계가 어떤 모습일지 궁금했습니다. 뭐가 됐든 한번 가보고 싶었습니다.

노동조합을 만나고 난 후의 나

노동조합 활동을 하면서, 사회구조라는 걸 배우면서 내 분노의 원인이 무엇인지를 알게 되었습니다. 내가 잘못한 게 아니라, 이 사회가 잘못된 거란 걸 말입니다. 나는 그동안 저항할 수 없는 현실에 화가 나 있었습니다. 나는 사람들의 잣대(학력, 재산 등)로 볼 때 내세울 게 없고, 공장 생활 말고는 다른 분야에 재능도 없는데, 도무지 공장 생활에 적응하지 못하는 내가 문제인 것만 같아 분노했습니다. 그런데 노동조합 활동을 하면서, 회사가 근로기준법을 준수했다면 내가 공장에 정착해서 잘 살 수 있었으리라는 것을 알게 되었습니다. 그리고 내가 노동조합 활동을 통해 얻고 싶은 것이 무엇인지도 분명히 알게 되었습니다. 인간으로서 존중받고 싶다는 것, 자존감을 회복하고 싶다는 것, 현장의 주인이 되고 싶은 것, 바로 그것이었습니다.

그런데 노동조합 활동을 하면서 한편으론 마음과 생각이 복잡해지고 기분도 나빠졌습니다. 노동조합 활동을 하며 듣는 이야기와 노동조합에서 바라는 이미지는 이타적인 데 반해 나는 이기적이기 때문입니다. 나는 선택해야 했습니다. 내가 원래 가진 이기적인 생각들과 노동조합 활동 전에 저질러온 잘못들을 숨기고 활동할 건지, 아니면 조금씩 이야기하며 내보이면서 활동할 건지를 말입니다. 내 안에 있는 이기심을 내가 이겨내지 못했을 때 동지들이 상처를 덜 받을 수 있는 쪽은 어느 쪽인지를 고민할 수밖에 없었습니다.

해고 통보, 그리고 함께하기 위한 선택

이럴까 저럴까 머뭇거리는 동안에 해고 통보를 받았습니다. 집회 때 투쟁 발언도 하게 돼서 고민은 더욱 깊어졌습니다. 동지들 앞에서 내뱉은 말들에 대한 책임 때문입니다. 시간이 갈수록 가슴은 답답해졌습니다. 희망퇴직을 할 것인가 말 것인가 택해야 하는 순간이 왔을 때, 내 원래 이기적인 마음 그대로 희망퇴직을 받아들이고 금전적인 선택을 할 것인가, 아니면 한 달동안 공부하고 고민한 것처럼 이타적인 마음으로 노동조합 활동을 계속할 것인가, 결정해야 했습니다.

나는 결국 함께하기 위한 선택을 했습니다. 여태 남의 것을 빼앗아야만 살 수 있다고 생각했는데, 노동조합 활동을 하면서 함께하는 삶의 방식을 배웠기 때문입니다. 이기적인 사람보다 이타적인 사람과 함께하는 게 좋았기 때문입니다. 아무리 힘겹다 해도 어려움을 돌파할 무기 하나쯤은 마련해 두었기 때문입니다. 그런 마음으로 지금까지 이르렀습니다.

내 삶의 주체가 되는 노동조합 활동

사전에 보면, 노동조합은 "노동자가 주체가 되어 자주적으로 단결하여 근로조건의 유지·개선, 기타 경제적·사회적 지위의 향상을 목적으로 조직하는 단체 또는 그 연합단체"라고 되어 있습니다(그간 노동조합 활동을 하면서 배운 내용으로 보면 근로조건이 아닌 노동조건이라고 해야겠습니다). 민주주의는 "국가의 주권이 국민에게 있고 국민을 위하여 정치를 행하는 제도 또는 그러한 정치를 지향하는 사상"이라고 했습니다. 그리고 하나 더, 독재가 있습니다. 독재는 "1인 또는 소수자에게 정치권력이 집중되어 있는 정치 형태"라고 했습니다.

지금 생각해 보면, 나는 독재 국가에 최적화된 삶을 살아왔던 것 같습니다. 집, 학교, 사회(군복무, 회사 등)에서 주체가 되거나 자주적이었던 적이 없었습니다. 그래서인지 나는 주체가 되는 일, 자주적으로 사는 일이 여전히 힘들고 어렵고 두렵습니다. 자본과 권력이 이러한 점을 파고들어서 주체를 흐리고 자주적으로 행동하지 못하게 하는 것 같습니다. 자본과 권력은 우리를 무너뜨리는 방법을 잘 아는 것 같습니다.

노동조합의 주체는 노동자, 즉 바로 나 자신인데, 나는 투쟁을 어떻게 하고 있는지 생각해 보아야 할 것 같습니다. 혹 우리는 나의 요구를 투쟁으로 쟁취한다기보다 나의 요구를 자본이 얼마만큼 들어줄 건지를 먼저 생각하지는 않느냐는 겁니다. 다시 말해 자본이 들어주는 만큼만 싸우고 있는 건 아닌가 말입니다.

아사히 투쟁을 하면서, 넘고 넘어야 할 벽이 한둘이 아니란 걸 알게 되었습니다. 법도 깨부수고 넘어야 할 벽이라는 것도 알게 되었습니다. 우리는 절대 자본이 허용하는 만큼만 싸워서는 안 된다는 생각을 합니다. 법이 우리에게 악법이라면 그 법을 깨부수기 위해 투쟁해야 하고, 자본이 허용하지 않더라도 우리는 우리의 요구대로 투쟁을 계속 해야 한다고 생각합니다. 그것이 바로 내가 내 삶의 주체가 되고, 자주적으로 행동하며 사는 길이라고 생각하기 때문입니다.

지금의 대한민국은 자본주의만 있고, 민주주의는 자본주의자에게 빼앗긴 것 같습니다. 우리 모두가 삶의 주체가 되어 자주적일 때 진정한 민주주의가 실현될 것입니다. 자본주의자(자본가)는 독재를 꿈꾸고, 그 독재에 맞서 민주주의(노동해방 세상)를 지키는 방법과 투쟁을 가르쳐주는 노동조합이 있습니다. 그래서 나는 감히 세상을 바꾸고 싶어서, 진정 역사의 주인인 노동자가 되고 싶어서, "나는 노동자"라고 외칩니다.

세상을 바꾸는

노동자

+ + + +
+ +

+ + +

차
헌
호

비정규직으로 다시 시작하다

2007년 6월 7일 감옥에서 나왔다. 정규직으로 다니던 공장에서 565일간의 투쟁이 마무리되었다. 패배한 투쟁이었지만, 승리와 패배로만 단정지을 수 없는 투쟁이었다. 투쟁하면서 배운 노동자의 조직적 단결과 투쟁의 정신, 연대의 힘은 소중한 경험이 되었다. 금강화섬 투쟁은 앞으로 내가 무엇을 하며 어떻게 살아갈지를 결정하게 만든 투쟁이었다.

건설 현장에서 오라는 얘기가 있었다. 건설 노동자로 시작할까, 공장 노동자로 들어갈까 고민했다. 민주노총 지역 상근과 다른 곳에서 오라는 얘기도 있었다. 나는 두말없이 비정규직으로 공장에 들어가는 것을 결정했다. 구미공단에서 비정규직 운동으로 구미지역 노동운동을 다시 살리고 싶었기 때문이다.

구미공단은 노동조합이 2000년도 초까지는 잘나갔다. 그런데 산업의 발전에 따라 노동조합이 있던 공장들은 사양 산업이 되면서 대부분 문을 닫았다. 노동조합도 자연스럽게 사라졌다. 구미공단은 최저임금을 받는 비정규직이 넘쳐나는 공단이 되었다.

구미공단에는 비정규직 노동조합이 하나도 없었다. 금강화섬 투쟁을 할 때에는 정규직이었지만, 정규직 중심의 노동조합 운동에 희망이 보이지 않았다. 공단에 비정규직은 점점 늘어나고 생산 현장 곳곳으로 확대되고 있었다. 예전에는 "천만 노동자 총단결로 세상을 바꾸자!"라는 구호를 외쳤다. 지금은 비정규직만 천만이 넘는다. 비정규직 투쟁이 살아나야 전체 운동이 살아난다고 나는 확신했다.

아사히 비정규직 노동조합을 만들다

2009년 무너진 구미지역 노동조합 운동을 살리기 위해서 아사히글라스에 들어갔다. 임금이 열악해서 투잡으로 대리운전을 하며 6년을 다녔다. 6년을 다니면서 가장 힘들었던 것은 현장이 쉽게 조직되지 않는 것이었다. 회사에 불만은 많지만 노동조합을 선뜻 하려는 노동자는 찾기가 힘들었다. 회사가 노동자들을 무시하면 무시할수록 찍히지 않으려고 납작 엎드려 일했다. 나는 마음이 조급해졌다. 언제까지 기다려야 하는지 막연했다.

노동조합을 만들기 위해 현장에서 여러 사람들을 본격적으로 만났다. 회사가 노동조합을 만들려는 것을 알게 되었다. 회사는 나를 포함해서 열여섯 명에게 권고사직을 강요했다. 본격적으로 싸움이 시작되었다. 하청업체 부장이 면담을 통해서 매일 나에게 권고사직을 강요했다. 나는 매일매일 글을 써서 문자로 동료들에게 보냈다. 그 글들이 현장에서 카톡으로 돌고 돌았다.

우리는 최저임금, 조끼 입히기, 과도한 생산물량, 식사시간 20분 등의 비인간적인 대우를 받으며 일한다. 힘들고 어려운 일은 도맡아 하면서 왜 이런 대접을 받아야 하는가. 언제까지 관리자들의 눈치를 봐야 하는가. 더 이상 무시당하며 일하지 말자. 우리는 누군가 노동조합을 만들어주기를 바란다. 누군가 열악한 노동조건을 바꿔주길 바란다. 답은 분명하다. 우리 모두의 힘이 필요하다. 노동조합 활동은 법으로 보장하고 있다. 우리가 하나로 뭉쳐서 노동조합을 만들면 된다. 노동조합을 통해서 현장을 바꾸자. 노동조합 만들어서 인간답게 살아보자. (2015. 4. 27)

결국 노동조합을 만들었다. 노동조합은 힘 있게 만들었지만 아사히는 노동조합을 인정하지 않았다. 아사히는 노동조합을 만들자마자 초기에 노조파괴를 시도했다. 군사작전을 치르듯이 하루아침에 170명을 내쫓고 하청업체를 폐업했다.

노동조합만 만들면 잘될 것이라 생각했다. 착각이었다. 자본은 우리보다 한 수 위였다. 우리를 잘 분석했다. 자본은 무리수를 두면서 노동조합이 만들어진 하청업체 하나를 통째로 날리는 방식을 선택했다. 조합원들이 변화되고 단련되는 시간을 허락하지 않았다. 많은 조합원이 초기에 투쟁을 포기했다. 힘 있게 만들어진 아사히 비정규직지회는 조합원 22명만 남게 되었다.

비정규직 투쟁을 통해
민주노조 운동을 알게 되었다

1년 8개월을 싸웠다. 거리에서 두 번의 겨울을 보내며 노동조합 운동에 의문이 들었다. 비정규직 투쟁을 경험하면서 노동조합 운동이 정말 민주노조 운동인가, 의문이 들기 시작했다. 미조직 비정규직을 조직하는 것이 최대의 과제라고 하면서도 정작 비정규직 투쟁은 외면하고 있다.

천만이 넘는 비정규직 노동자들을 조직하고 엄호해야 할 노동조합 운동은 자본의 질서에 편입되었다. 정규직 대공장 중심의 노조 운동은 먹을 게 많아지고, 지킬 게 많아지면서 계급의식과 투쟁 정신은 쪼그라들었다. 비정규직이 어렵게 노동조합을 만들어서 금속노조에 문을 두드려도 가입이 되지 않는 경우도 있다. 정규직과 비정규직으로 분화되면서 비정규직의 처지는 당연한 것이 되었다.

비정규직 투쟁을 하면서 알게 되었다. 노동자들이 스스로 노동조합을 만들고 스스로 노동조합을 운영한다고 해서 민주노조가 아니다. 우리의 말과 행동과 정신과 실천이 민주노조다. 투쟁을 통해서 변화되고, 투쟁을 통해서 희망을 만들어가는 우

리가 민주노조다.

구미를 넘어 전국의 동지들과 함께

우리는 노동조합이 만들어지지 못한 사업장, 노동조건이 열악한 공장들을 찾아가 집중 선전전을 했다. 우리가 열심히 선전전을 진행한 미조직 사업장에서 새롭게 노동조합이 만들어졌다는 소식이 들려왔다. 5백 명이 넘는 노동자들이 금속노조 구미지부에 가입했다. 우리의 활동으로 새로운 사업장에 노동조합이 만들어지는 것을 보고 우리 투쟁의 소중함을 깨달았다. 지쳐 있던 우리는 자신감을 얻었다.

아사히 투쟁이 구미공단 비정규직 노동자들에게 얼마나 영향을 끼칠지 알 수 없다. 하지만 오늘도 아바텍이라는 공장에서 이른 아침 선전전을 진행한다. 이번 주는 도래이 공장에서, 다음 주는 또 다른 사업장에서 "노동조합이 희망이다!", "노동조합 만들어서 인간답게 살아보자!"라는 선전전을 진행할 것이다.

더 소중한 것은 공동투쟁이다. 전국의 10개 투쟁사업장이 모여서 일 년 넘게 공동투쟁을 진행하고 있다. 우리는 공동투쟁을 시작하면서 개별 사업장에 갇히지 않았다. 2015년 10월 '노동탄압 민생파탄 박근혜정권 퇴진을 위한 투쟁사업장 공동투쟁'을 시작했다. 사업장의 문제를 넘어, 품앗이 투쟁을 넘어 공동의 요구를 걸고 광화문 정부청사에서 시국농성을 시작했다. 공동투쟁은 "비정규직 철폐! 정리해고 철폐! 노동3권 전면 보장!"의 요구를 걸고 싸우고 있다. 우리는 공동투쟁을 통해서 더 많은 힘을 발휘하고 있다.

우리는 이제 현장에서 시키면 시키는 대로 일하는 노동자가 아니다. 노동조합을 통해서 비뚤어진 세상을 바르게 볼 수 있는 눈을 가지게 되었다. 구미지역을 조직하고 전국의 동지들과 공동의 힘으로 투쟁하며 세상을 바꾸는 노동자가 되었다. 지금 우리는 승리만큼 소중한 투쟁의 과정을 만들어가고 있다. 우리는 투쟁을 통해서 조금씩 성장해 나가고 있다.

3부

씨앗을
퍼뜨리기 위해

아사히 투쟁의 사회적 의미

구미공단 산업 변화와
아사히 비정규직 노조

천용길
「뉴스민」 기자

2015년 5월 어느 날, 전화 한 통이 걸려왔다. 지금은 박근혜 정부에 맞선 이유로 춘천교도소에 수감 중인 배태선 민주노총 조직실장이었다. 그는 "천 기자, 구미공단에 첫 비정규직 노조가 결성됐으니 꼭 관심 가져주소"라고 말했고, 나는 "예"라고 짧게 답했다. 전화를 끊고 찬찬히 자료를 뒤졌다. 대구경북을 통틀어 제조업이 가장 밀집한 구미공단에 비정규직 노조가 처음이라고?

처음이었다. 잠깐 고민이 되었다. 다행일까, 불행일까. 당시는 고용승계를 요구하던 차광호 스타케미칼 해고자복직투쟁위원회 대표가 공장 굴뚝에 올라간 지 일 년이 되어 가던 시점이었다. 섬유공장들이 하나 둘 문을 닫으면서 노동자들은 일자리를 잃었지만, 사장이 망했다는 이야기는 들어본 적 없었다. 자주적인 노동조합을 만들고자 했던 이들은 일자리를 잃었고, 십년이 넘게 싸워도 일자리로 돌아가지 못했다. 대신, 회사가 요구하는 구조조정을 받아들이는 타협적인 노동조합이 그 빈자리를 채우고 있었다. 노동자의 도시, 구미의 실체다.

박정희와 구미산업공단

2017년 2월 현재 구미 인구는 41만 9,788명이다. 2010년대 들어서는 증가세가 줄어 정체 상태이지만, 1978년 구미시로 승격한 이후 인구가 꾸준히 늘어 왔다.

구미지역 제조업은 1960년 구미 원평성당에 가내공업 형태의 봉제공장이 설립되면서 시작된 것으로 보인다.* 그리고 1964년, 박정희 정부가 수출산업공업단지개발조성법을 공포하면서 대규모 공단 조성의 근거를 만든다. 1969년에는 전자공업육성법 시행과 함께 공업단지 사업지역으로 구미를 지정하면서 구미1국가산업단지 조성이 본격화된다. 그러면서 제일모직·코오롱·제일합섬·동국방직 등 섬유 관련 대기업이 대거 입주한다. 1973년 이후에는 금성(현 LG), 삼성, 대우와 같은 전자제품 대기업이 입주하면서 전자산업 비중도 높아진다.

* 구미상공회의소, 『구미상의 10년사』, 1991.

구미공단 조성 직전까지만 해도 구미는 전형적인 농촌이었다. 1968년 기준으로 구미 인구는 2만 1천 357명이었고, 1차산업 종사자가 69.3퍼센트를 차지했다.* 구미공단이 가동하면서 인구는 급격히 늘었다. 1978년 구미시 승격 당시 인구는 7만 2천 37명**에 달했다. 이후 인근 칠곡군 지역의 편입과 제2, 제3 국가산업단지 건설로 인구는 계속 늘어난다. 1977년 1차산업 종사자 비율은 약 8퍼센트, 반면 2차산업 종사자 비율은 73퍼센트에 달해 공업도시로 탈바꿈하였다. 이렇게 늘어난 인구는 당연히도 섬유와 전자제품 산업에 종사한 노동자와 그 가족이었다.

1970년대를 거치면서 1980년대 구미는 반도체·컴퓨터 산업 육성을 시작한다. 1982년 제2국가산업단지가 완공되면서 구미는 호황을 겪는다. 1980년대 섬유산업도 호황을 겪는데, 이때 구미지역 제일모직·한국합섬·동양폴리에스터·효성 등 대기업들은 공장을 증설하고 사업을 확장한다.

1990년대 초반에 들어서면서 섬유산업이 조금씩 후퇴하는 징조가 나타나기 시작한다. 그러나 당시 섬유업체들은 대량 생산을 통한 수익 증대라는 '규모의 경제' 전략을 선택한다. 1974년 구미시 수출량의 39.9퍼센트를 차지하던 섬유산업은 1990

---

* 나중규, 『구미 산업단지, 과거와 현재』, 대구경북연구원, 2010.
** 구미시지편찬위원회, 『구미시지』, 구미시, 1991.

년 25.7퍼센트로 하락한다. 반면 1974년 17.5퍼센트에 불과하던 전자부품산업은 1990년 28.4퍼센트로 늘었다. 이러한 상황은 제3국가산업단지가 1994년 문을 열면서 좀 더 가속화한다. 한국전기초자(주)·삼성전자(주)·오리온전기(주) 등은 공장을 증설하고, 1995년 LG마이크론은 물량을 늘리기 위해 2, 3교대 근무를 본격 실시한다.

2000년대에 들어서면서 섬유산업과 디스플레이 관련 산업은 해외로 이전하거나 수도권으로 이전을 본격화한다. LG는 LCD 부분을 파주로 이전하고, PDP 부분은 평택으로 이전한다. 삼성전자 또한 R&D 부분을 수원으로 이전하고, 모바일사업부는 베트남으로 보낸다. 이는 대기업들이 교육·문화가 집중된 수도권 생활을 원하는 연구기술 분야를 수도권으로 배치하고, 생산제조 분야를 동남아나 중국으로 이전하는 전략이었다. 동시에 LG와 삼성을 필두로 한 대기업들은 구미산업단지에 가동 중인 제조 공정에서 '협력업체'라는 이름을 붙여 비정규직 노동시장으로 재편한다.

문제는 이러한 산업구조 재편은 국가통계 등 제도적으로 드러나지 않는다는 점이다. 협력업체는 물량 변화에 따른 노동유연화를 가능하게 만드는데, 단기계약과 저임금 등으로 나타난다. 단적으로 구미산업단지에서 최상단에 위치하는 LG와 삼성은 일부 공정을 맡겼던 협력업체와 계약 해지 후 동남아시아로 이전하는 형태를 취한다. 물론, 이 협력업체에 소속돼 근무하는 노동자는 언제 해고될지 알 수 없음에도 '비정규직' 비율에 포함되지 않는다.

구미공단 산업구조 변화와 고용형태 변화

정부기관과 기업들은 구미공단 산업구조를 바꿔야 한다고 지적하면서도 정작 구미시민과 노동자들이 직면한 문제는 외면하고 있다. 한국산업관리공단에 따르면 구미국가산업단지 내 업체 수는 2004년 625개사에서 2009년 1,003개사로 늘었다. 여기에다 외국계 업체도 10개사가 가동 중이지만, 고용인원은 오히려 줄었다. 2004년 7만 7천 명에서 2009년 6만 8천 명으로 오히려 감소했다. 2016년 4분기 기준으로는 가동업체가 1,890개사로 2004년보다 세 배가량 늘어났지만, 고용인원은 9만 1,995명이다. 외국계 업체는 19개사가 가동 중이고, 고용인원은 3,906명이다.* 2004년과 2009년 그리고 2016년 통계를 보면 산업구조가 어떻게 변했고, 고용형태는 어떻게 바뀌었는지 추측할 수 있다.

2004년과 2009년 사이 구미지역은 섬유업체가 폐업하거나 공장을 이전하는 일이 많았다. 민주노조가 폐업반대와 고용승

---

* 한국산업단지 공단, 「2016년 4분기 전국산업단지현황 통계」, 2017. 3. 3.(http://www.kicox.or.kr)

계 투쟁을 벌였던 한국합섬, 금강화섬도 그중 하나다. 직접고용 정규직이 주된 고용형태였다. 산업 변화와 업종 변화에 따라 전체 고용인원이 줄어든 이유도 있겠지만, 고용형태 변화를 추론해 볼 수 있다. 300인 이상 고용하는 회사가 직접 고용을 유지하던 방식에서 '협력업체'라는 포장을 씌운 인력파견업체 또는 하청업체가 늘어났을 가능성이 높다. 이 기간에 구미국가산업단지는 가동을 멈춘 부지가 늘어나면 늘어났지, 국가산업단지가 확장하지 않았다.

외국계 업체 투자를 유치한 제4국가산업단지는 통계에 따로 잡힌다. 외국계 업체 또한 19개 업체 평균 고용인원이 205명밖에 되지 않는다. 2015년 노조를 설립했다는 이유로 하청업체와 계약을 해지해 사실상 해고 사태를 만든 아사히글라스화인테크노코리아(아사히글라스) 또한 마찬가지다.

또 한 가지 유심히 살펴봐야 하는 통계가 있다. 구미시는 청년층 취업자 비중이 높은 지역이다. 2014년 하반기 고용노동부가 발표한 고용노동통계조사 현황에 따르면 구미시의 청년층 (15~29세) 취업 비중은 19.2퍼센트로 155개 시·군 가운데 가장 높다. 반대로 구미시는 고령층(55세 이상) 취업자 비중이 16퍼센트로 155개 시·군 가운데 다섯 번째로 낮다. 이를 어떻게 해석해야 할까.

이는 앞서 살펴본 고용형태 변화와도 관계가 있다. 구미공단 내 대기업 정규직으로 근무하는 노동자 A씨(32세, 구미시)는 "일자리가 구미에 있어서 구미로 이사를 온 것"이라며 "일자리를 잃으면 구미에 살 이유가 없다"고 말했다. 이는 구미시 인구가 증가한 요인이 '일자리' 때문이라는 사실을 단적으로 보여준다.

구미지역 노동자와 노동조합

구미지역 노동조합도 1970년대까지는 의미 있는 규모로 성장하지 못한다. 이는 구미지역뿐만 아니라 전국적인 현상이며, 박정희 정부가 주도한 산업단지, 그리고 박정희가 태어난 고향이라는 점도 작용했다.

1987년 6월항쟁 이후 7월부터 이어진 노동자대투쟁에 구미도 빠지지 않는다. 주로 섬유·전자산업에 종사하는 노동자들이었다. 그해 8월 11일 한국산우드(주)와 8월 31일 금성전선(주)에서 쟁의가 벌어지고 이는 공단 전체로 퍼진다.* 그해 노사쟁의는 40개 업체에서 45건 일어났다. 이 시기 노동자들은 인간적인 대우, 노조 인정, 어용노조 퇴진을 위한 투쟁에서 주 44시간 근무, 인사권 참여까지 요구를 확장했다.

노동조합 운동의 확산은 1996년 정점을 찍었다. 이해 75개 노동조합의 조합원은 3만 5천여 명에 달했다. 그러던 것이 1997년 73개 노조, 3만 2천여 명으로 줄어들더니, 2000년 72개

---

* 이석희, 『구미국가산업단지의 과거, 현재, 그리고 미래』, 대구경북연구원, 2008.

노조 2만 8천여 명으로 3만 아래로 줄어든다. 2003년 2만 7천여 명으로 가장 적은 수를 기록했지만, 2014년 기준 약 3만 명으로 규모는 회복한다.

그러나 세부적으로 보면 그렇지 않다. 상대적으로 노사타협적인 한국노총 소속 조합원이 대부분이다. 2014년 구미시 노동조합 통계현황에 따르면 한국노총 소속 노조는 44개, 2만 5천여 명이지만, 민주노총 소속 노조는 5개, 552명에 불과하다. 물론 이 통계는 구미시에 본사를 두고 있는 노동조합이라는 전제를 하고 있다. 하지만 구미국가산업단지 다수를 차지하는 금속, 화학산업 분야 노동조합을 보면 한국노총과 민주노총의 조합원 수는 비교할 바가 못 된다.

구미지역 공단 내 양대 축인 삼성과 LG를 한번 살펴보겠다. 전 국민이 알다시피, 삼성은 '무노조 경영'을 원칙으로 하고 있다. 이 괴상한 원칙도 조금씩 깨어지고 있지만, 구미는 없다. LG 노동조합은 한국노총을 상급단체로 하며 가장 규모가 크다. 문제는 이 노동조합과 상급단체가 구미지역 행정, 여당과 긴밀한 파트너로, 전체 노동자를 대변하지 못한다는 사실이다. 한국노총 구미지부 간부 출신은 대대로 새누리당계 정당 공천을 받아 시의원 자리를 한두 자리씩 차지해 왔다. 또, LG전자 노조위원장과 한국노총 위원장을 지냈던 장석춘 씨는 집권당인 새누리당 공천을 받고 2016년 국회에 입성했다. 한국노총은 구미시로부터 특혜를 받는 데 익숙하고, 일부 노동조합 간부들이 자신

ⒸNEWSMIN

의 권력을 탐하는 자리가 됐다. 수많은 협력업체 소속 하청노동자들이 이 공장 안에서 일하고 있지만, 대다수 노동조합은 관심이 없다. 구미지역 민주노총은 최근까지 내부적 갈등 속에 정규직·비정규직 노동자를 아우르는 노동조합 운동에 큰 힘이 되지 못했다. 오히려 구미공단 내 처음 결성된 비정규직 노농조합, 아사히 사내하청노조가 금속노조에 가입 여부를 두고 갈등을 겪기까지 했다.

아사히글라스 비정규직 노조와 구미지역 노동자

구미공단, 그리고 노동자. 공단은 노동자가 있어야 굴러간다. 2000년대 후반, 구미공단을 떠나는 업체가 늘어나면서, 한국산업단지공단과 구미시는 여러 대책을 내놓았다. 크게 두 가지였다. 산업단지의 구조고도화와 외국자본 유치. 구미지역과 함께 자라온 제조업 경쟁력이 후퇴하니, 신산업을 육성해야 한다는 이유였다. 틀린 말은 아니다. 그러면 산업 발전에 기여한 노동자는 하룻밤에 일자리를 잃어도 상관없는가? 사라지는 산업이 있으면, 새로 등장하는 산업이 있다. 노동자에게는 산업의 흥망성쇠를 판단할 기회도 주어지지 않으며, 방어막도 없다. 시장이고 대통령이고, 눈 뜨고 해고를 용인하라고 뽑아 놓은 게 아니다. 경영자들도 마찬가지다.

2015년 7월 일자리를 잃은 아사히글라스 비정규직 노동자들이 언론의 큰 주목을 받은 때는 지난 2016년 11월이었다. 박근혜 국정농단 사태 이후 박정희 탄신제가 열린 구미에서 이 노동자들이 피켓을 들었기 때문이다. 웃픈 일이다. 구미고용노동지청에 낸 부당노동행위·불법파견 고소 사건은 1년 7개월째 답이 없고, 언론 다수는 큰 관심이 없다. 노동청은 "검찰에 수사지휘를 요청했지만, 회사가 중앙노동위원회를 상대로 제기한 행정소송 결과를 확인한 후 재지휘를 받을 것"이라고 알려 왔을 뿐이다. 2016년 3월 부당노동행위 판정이 났지만, 아사히글라스가 불복해 제기한 행정소송이 끝날 때까지 다루지 않겠다는 이야기다. 아사히글라스 측 법률대리인은 국내 최대 로펌, 김앤장이다.

　차헌호 아사히 비정규직지회장은 이십대 때는 정규직으로 일했고, 삼십대에는 폐업으로 직장을 잃었으며, 사십대에는 비정규직 해고 노동자가 됐다. 이삼십대는 섬유산업에서, 사십대는 전자산업 공장에서 일했다. 일전에 차헌호 지회장은 "금강화섬 투쟁할 때도 비정규직 운동 이야기를 했어요. 당시에는 내가 정규직이어서 머리로만 이해한 것 같아요. 비정규직이 되어 보니 기존 노조 운동이 정규직 중심이라는 걸 여실히 느껴요"라고 말한 바 있다.* 산업이 변화하면 노동자가 선 곳도 달라진

다. 그 많았던 노동조합과 노동운동가가 떠났지만, 구미는 여전히 노동자 도시다. 정규직이 대부분인 시절도, 비정규직이 다수인 지금도 변함 없는 사실 한 가지를 잊지 말자. 노동 환경을 바꾸는 것은 자주적인 노동자들의 단결된 힘이라는 사실을.

나는 꼭 쓰고 싶은 기사가 있다. '아사히 비정규직 해고노동자 전원 복직'이라는 제목을 단 기사이다. 그리고 그 기사에 달릴 댓글들이 보고 싶다. 협력업체라는 포장에 겹겹이 싸여 찍소리 못 하고, 3조 3교대 근무를 마친 노동자들이 삶에 희망을 품어보고 싶다는 댓글.

아사히 투쟁과
법·제도

이경호
노무법인 참터 구미지사 공인노무사

아사히글라스* 사업장 내에 상주하는 세 개의 하청업체 중
한 곳에서 노동조합이 만들어졌다. 이들 하청노동자들은 입사
때부터 원청업체의 제품생산 공정에 직접 투입되어 원청업체
노동자들과 같은 공간에서 원청업체로부터 업무지시를 받으며
일해 왔지만, 근로조건은 원청업체 노동자들과 달랐고 임금은
늘 최저임금 수준이었다.

사업장 내에 노동조합이 만들어지자 원청업체는 용역직원을
동원해 그 하청노동자들의 사업장 출입을 봉쇄하더니, 노동조
합이 만들어진 하청업체와의 도급계약만 중도 해지해 버렸다.

---

* 아사히글라스화인테크노코리아(주)

그리고 그 하청업체도 소속 노동자들을 전원 정리해고한 후 폐업해 버렸다. 아사히 사내하청노동자들은 구미지역 최초로 사내하청노동조합을 만들었다가 그렇게 하루아침에 모두 일자리를 잃었다.

아사히글라스의 부당노동행위와 불법파견 문제

아사히 사내하청노동자들에 대한 정리해고 과정에는 크게 두 가지 법위반 문제가 있다. 하나는 사용자의 부당노동행위 문제이고, 다른 하나는 사용자의 불법파견 문제다. 헌법은 단결권이라는 이름으로 노동자의 노동조합 설립과 활동을 보장하고 있고,* 법은 이를 침해하는 사용자의 행위를 부당노동행위로 규정하여 처벌하고 있다.** 또 법은 제조업의 '직접생산공정업무'에 노동자를 파견받아 사용하는 것을 금지하고 있다.*** 이를 위

---

* 헌법 제33조 ① 근로자는 근로조건의 향상을 위하여 자주적인 단결권·단체교섭권 및 단체행동권을 가진다.

** 노동조합 및 노동관계조정법 제81조 사용자는 다음 각 호의 어느 하나에 해당하는 행위를 할 수 없다. (위반시 2년 이하의 징역 또는 2천만 원 이하의 벌금)
  1. 근로자가 노동조합에 가입 또는 가입하려고 하였거나 노동조합을 조직하려고 하였거나 기타 노동조합의 업무를 위한 정당한 행위를 한 것을 이유로 그 근로자를 해고하거나 그 근로자에게 불이익을 주는 행위
  4. 근로자가 노동조합을 조직 또는 운영하는 것을 지배하거나 이에 개입하는 행위

*** 파견근로자보호 등에 관한 법률 제5조 ① 근로자파견사업은 제조업의 직접생산공정업무를 제외하고 전문지식·기술·경험 또는 업무의 성질 등을 고려하여 적합하다고 판단되는 업무로서 대통령령이 정하는 업무를 대상으로 한다. (위반시 3년 이하의 징역 또

반한 사용사업주(원청업체)와 파견사업주(하청업체)는 처벌되며, 파견근로자를 사용한 사업주(원청업체)는 의무적으로 그 노동자를 직접 고용해야만 한다.* 그러나 지금까지 어느 누구도 처벌받은 이가 없고, 하청노동자들은 사업장으로 돌아가지 못하고 있다. 법에서는 분명 노동자의 권리를 보장하고 있는데 현실에서는 왜 보장되지 않는가. 아사히 하청노동자들의 투쟁은 이런 상식적인 질문에서 출발하고, 이들이 밟고 있는 법적 구제절차는 그 답을 듣기 위한 과정이다.

노동자들의 법적 구제절차

노동자들이 법적 권리를 침해받을 때 찾게 되는 곳이 고용노동청, 노동위원회, 그리고 법원이다.

고용노동청은 노동관계법령의 집행에 있어서 경찰청과 같은 기관**이기 때문에, 불법파견이나 부당노동행위와 같은 법위반 사안에 대해서는 고용노동청에 고소를 제기해 사용자에 대한 처벌을 요구할 수 있다. 고소 사건이 제기되면 고용노동청은

는 3천만 원 이하의 벌금)
* 파견근로자보호 등에 관한 법률 제6조의2 ① 사용사업주가 다음 각 호(근로자파견대상업무에 해당하지 아니하는 업무에서 파견근로자를 사용하는 경우)의 어느 하나에 해당하는 경우에는 해당 파견근로자를 직접 고용하여야 한다. (위반시 3천만 원 이하의 과태료)
** 고용노동청 근로감독관에게는 사법경찰관의 지위와 권한이 주어진다.

2개월 이내에 법위반 여부에 대한 수사를 완료한 후* 사건을 검찰에 송치하게 되고, 검찰은 법위반 정도에 따른 처벌을 구하게 된다.

노동위원회는 다툼이 된 사안을 노·사·공익을 대표하는 3자로 구성된 위원회에서 판정하고 구제명령을 내리는 준사법적 권한을 가진 기관이며, 초심(지방노동위원회)과 재심(중앙노동위원회)의 2심 절차를 가지고 있다. 부당해고와 같은 불이익을 당했을 경우 이를 무효로 하고 원상회복하고자 할 때 노동위원회 구제신청을 하게 된다. 부당노동행위의 경우에는 고용노동청을 통한 고소와 노동위원회를 통한 구제신청을 병행할 수 있다. 구제신청이 제기되면 법원과 달리 노동위원회는 직권 조사와 당사자 심문을 거쳐 60일 이내에 신속히 판정하고 원상회복 명령을 내리게 된다.

법원 소송을 통한 구제절차는 사용자에 비해 상대적 약자일 수밖에 없는 노동자에게 너무 많은 시간과 노력과 비용이 요구된다. 그래서 사용자로부터 불이익을 받은 노동자들은 법원 소송에 앞서 고용노동청이나 노동위원회를 찾게 된다. 아사히 하청노동자들도 마찬가지다. 가장 먼저 부당노동행위와 불법파견에 대해 원청업체와 하청업체 대표를 고용노동청에 고소했

---

* 처리기간 내에 수사를 완료하는 것이 불가능한 경우에는 검사로부터 수사기간의 연장 지휘를 받아 수사를 하게 된다.

고, 부당노동행위에 대해서는 지방노동위원회에도 구제신청을
제기했다.

아사히글라스의 부당노동행위에 대한
노동위원회의 판단

아사히 하청노동자들의 구제신청 내용은, 노동조합을 설립
한 후 정리해고가 되기까지 사용자가 행한 조치들이 법에서 금
지하고 있는 부당노동행위에 해당되므로 원상회복 명령을 내
려 달라는 것이다.

지방노동위원회 구제신청 과정에서 원청업체의 구체적인 부
당노동행위가 확인되었다. 원청업체가 수차에 걸쳐 하청업체
에게 노동조합 집회를 해산시키라고 지시한 사실, 노동조합이
다른 사내하청노동자들을 대상으로 노동조합 가입 활동을 못
하도록 막으라고 지시한 사실, 다른 사내하청노동자들에게 노
동조합 가입을 금지하는 교육을 시키라고 지시한 사실 등이 하
청업체 관련자의 내부고발을 통해 확인되었다. 특히 원청업체
가 하청업체와의 도급계약을 일방적으로 중도 해지하면서 하
청노동자들을 퇴직시키는 방법, 일정, 실행항목, 협조사항, 나
아가 하청업체와 하청노동자 간의 퇴직합의서 내용까지 사전
에 직접 작성하여 제시하는 등 하청노동자들에 대한 정리해고
과정을 원청업체가 구체적으로 지휘·감독했다는 사실까지 하

청업체 관련자의 진술을 통해 확인되었다.

그러나 지방노동위원회는 하청노동자들의 구제신청을 받아들이지 않았다. 원청업체에 대해서는 하청노동자들과 직접적인 고용관계가 없으니 이 사건 당사자가 아니라는 이유로, 하청업체에 대해서는 이미 폐업되어 없어졌으니 구제명령이 내려진다고 하더라도 실현이 불가능하다는 이유로 '각하' 판정*을 낸 것이다.

중앙노동위원회의 판단은 달랐다. 원청업체가 하청노동자들의 근로조건과 노동조합 활동에 대해 실질적·구체적으로 지배·결정할 수 있는 지위에 있기 때문에 하청노동자들과 직접적인 고용관계가 없더라도 이 사건 당사자에 해당된다고 판단하였다. 특히, 하청업체는 원청업체의 도급계약 중도 해지로 인해 상당한 피해를 받게 되었는데도, 그에 상응하는 조치를 취하기보다 오히려 즉시 폐업 및 정리해고 계획을 발표하고, 희망퇴직을 종용하면서 퇴직위로금까지 지급하는 등 원청업체의 도급계약 해지에 따른 일련의 조치에 적극 호응한 사실에 근거하여 원청업체와 하청업체가 사전에 공모한 것으로 판단하였다. 그래서 원청업체가 도급계약을 중도 해지한 행위를 부당노동행위로 판정하고, 원청업체에게 하청노동자들에 대한 생활안정 및 재취

---

* 각하: 판정에 필요한 형식적 요건이 갖추어지지 않았으므로 내용에 대한 판단 없이 신청 자체를 받아들이지 않는다는 것.

업 등 지원 대책을 마련하라는 구제명령까지 내린 것이다.

원청업체를 사건 당사자로 판단한
중앙노동위원회 판단의 의미와 제도적 한계

이 사건은 사내하청노동자들이 노동조합을 만들었을 때 나타나는 사용자의 전형적인 대응방식이며, 대다수 하청노동자들이 노동조합 활동을 제대로 할 수 없는 이유이기도 하다. 그래서 해고가 부당하더라도 법적으로 구제받을 수 있는 경우는 매우 제한적이다. 원청업체는 근로계약관계를 맺고 있는 자가 아니고, 하청업체는 폐업되어 존재하지 않기 때문이다.*

사용자의 부당노동행위에 대해서도 법적으로 구제받을 수 있는 경우는 여전히 제한적이다. 그 이유는 '사용자'에 대한 좁은 해석에서 비롯된다. 법은 '사용자'의 부당노동행위를 금지하고 있고, 이때의 사용자는 반드시 '근로계약관계를 맺고 있는 자'로 한정되지 않음에도 불구하고, 최근까지 법원은 '근로계약관계를 맺고 있는 자'로 한정해서 판결해 왔기 때문이다.

그나마 2010년 현대중공업 부당노동행위 사건에서 대법원은, 하청노동자의 근로조건과 노동조합 활동에 대해 '권한과 책

---

* 아사히 하청노동자들은 부당해고에 대해서도 구제신청을 하였는데 노동위원회의 판정 결과가 이와 같다. 그나마 구제될 수 있는 예외인 경우는 단지 하청업체는 형식적인 존재에 불과하고 실질적으로는 원청업체가 사용자에 해당되는 경우다.

224

임을 일정 부분 담당하고 있다고 볼 정도로 실질적이고 구체적으로 지배·결정할 수 있는 지위에 있는 자'라면 근로계약관계를 맺고 있는 자가 아니라 하더라도 부당노동행위의 사용자에 해당한다고 판결함으로써, 원청업체도 부당노동행위의 사용자가 될 수 있음을 최초로 확인해 주었다. 그러나 판결 이후로도 여전히 원청업체가 부당노동행위의 사용자로 인정된 사례는 없었는데, 이 사건은 중앙노동위원회가 2010년 대법원 판결 이후 최초로 원청업체의 사용자성을 인정한 것이다. 아사히 하청노동자들에게뿐만 아니라 전체 하청노동자들에게 의미 있는 판정이다.

그러나 법적 다툼은 여기서 끝나지 않는다. 어느 일방이 포기하지 않는 한 법적 다툼의 최종 종착지는 대법원 판결까지다. 현재 원청업체는 중앙노동위원회 판정 결과에 불복하여 행정소송을 제기한 상태이고, 아마도 대법원까지 이어질 것이다. 그만큼 원청업체의 사용자성 여부는 하청노동자에게든 원청업체든 중요한 문제이기 때문이다.

현재 원청업체는 노동위원회 구제명령도 이행하지 않고 있다. 중앙노동위원회 판정의 효력은 행정소송을 제기하더라도 정지되지 않기 때문에* 사용자가 행정소송을 제기하더라도 구

---

* 노동조합 및 노동관계조정법 제86조 노동위원회의 구제명령·기각결정 또는 재심판정은 중앙노동위원회에의 재심신청이나 행정소송의 제기에 의하여 그 효력이 정지되지 아니한다.

제명령은 이행해야만 하지만, 이를 이행하지 않더라도 강제할 수단이 없다.* 결국 하청노동자로서는 대법원 판결로써 모든 것이 확정될 때까지 세월을 인내해야만 하는 처지다.

부당노동행위와 불법파견에 대한
고용노동청의 사건 지연처리

아사히 하청노동자들이 원청업체와 하청업체 대표를 고소한 내용은 두 가지다. 하나는 노동위원회 구제신청 내용과 같이, 노동조합을 설립한 후 정리해고가 되기까지 사용자가 행한 조치들이 법에서 금지하고 있는 부당노동행위에 해당되니 처벌해 달라는 것이고, 다른 하나는 원청업체와 하청업체가 불법적으로 노동자를 파견하고 사용하였으니 처벌해 달라는 것이다.

앞서 언급했듯이 일반적인 고소 사건은 2개월 이내에 법위반 여부에 대한 수사를 완료하고 검찰에 송치되지만, 이 사건은 수차례나 수사기간을 연장하면서 장기간 수사가 진행되었다. 원청업체와 하청업체 관련자들에 대한 조사가 진행되었고, 원청업체의 부당노동행위를 내부고발했던 하청업체 관련자에 대한 조사도 진행되었다. 그 과정에서 원청업체의 부당노동행

---

* 법원이 사용자에게 이행명령을 내릴 수는 있지만, 중앙노동위원회의 신청이 있어야 하고, 법원 명령을 위반하더라도 500만 원 이하의 과태료에 불과하고, 당사자 신청에 의해 법원의 이행명령이 취소될 수도 있기 때문에 사실상 강제수단은 없는 것과 같다.

위가 확인되었고, 이를 확인해 주는 하청업체 관련자 진술도 확보되었다. 불법파견 조사를 위해 사업장 특별근로감독도 실시되었다. 하청노동자들의 업무수행 과정 전반에 걸쳐 원청업체의 실질적인 지휘·명령이 있었고, 작업에 투입될 하청노동자의 수, 교육 및 훈련, 작업·휴게시간, 휴가, 근무대도 짐검 등의 결정권한도 원청업체에 있었다는 사실은 이미 노동위원회에서 확인된 바 있지만, 고용노동청에서도 관련 조사가 진행되었다. 사건이 제기된 지 10개월이 지나면서 더 이상 추가조사가 없었던 것으로 보아, 수사는 충분했고 검찰로 송치하는 일만 남은 듯하다. 그런데도 고용노동청은 사건을 검찰로 송치하지 않고 있다. 사건이 제기된 지 1년 10개월이 지난 현재까지 사건은 추가조사도 없이 그냥 그렇게 고용노동청에 머물러 있다.

고용노동청의 직무유기로
피해를 입은 아사히 하청노동자들

부당노동행위 사건에서 원청업체의 사용자성 인정 여부는, 하청노동자의 노동조건과 노동조합 활동에 대해 원청업체가 실질적이고 구체적으로 지배·결정할 수 있는 지위에 있었는지 여부에 달려 있다. 불법파견 사건도 유사하다. 불법파견에 해당되는지 여부는, 여러 판단기준이 있지만 업무지시와 감독, 작업 배치, 업무수행방법 등의 권한이 실질적으로 누구에게 있느냐는 것이 핵심적인 기준이다. 결국 부당노동행위 사건과 불법파견 사건은 쟁점에 있어서 상호 연계되어 있고, 쟁점에 대한 입증책임은 사건을 제기한 하청노동자들에게 있다.

고용노동청은 이미 사업장에 대한 특별근로감독을 실시했고 상당기간 수사를 진행하면서 관련자들에 대한 수사를 모두 마친 상태다. 이 사건 이해관계자인 원청업체, 하청업체, 그리고 하청노동자들을 제외하면, 이들 3자의 실질적인 관계와 업무수행 과정을 가장 잘 알고 있는 곳은 고용노동청이다. 그런 기관에서 사건처리를 하지 않고 있는 것이다.

1년 10개월 동안 고용노동청이 사건처리를 하지 않음으로써 가장 큰 피해를 입은 자는 당연히 하청노동자들이고, 상대적으로 가장 큰 이득을 보는 자는 원청업체다. 고용노동청이 사건처리를 종료하지 않는 한 수사자료는 공개되지 않고, 동일한 쟁점을 다투고 있는 법원에서도 수사자료 제출을 명할 수 없기 때문에, 그 피해는 소송에서 입증책임이 있는 하청노동자들에게 돌아갈 수밖에 없다. 그런 이유에서 별다른 이유 없이 사건처리를 지연하고 있는 고용노동청의 행태는 직무유기고, 부작위의 권한남용이다.

고용노동청 나름의 고충은 예상된다. 대법원 판결에서 원청업체를 부당노동행위의 사용자로 판단한 바 있지만, 실제 원청업체를 부당노동행위 위반으로 처벌한 예는 아직 없기 때문이다. 그만큼 민감한 사안이고 형법상 법리구성도 쉽지만은 않겠지만, 그럼에도 그 부담을 회피하는 것은 타당하지 않다. 고용노동청은 노동위원회와 더불어 그나마 노동자의 권익 보호를 위해 존재하는 유일한 국가기관이기 때문이다.

아사히 하청노동자들의 법적 투쟁은 이들만의 것이 아니다

하청노동자들은 현행법상 비정규직 노동자가 아니다. 직접 고용관계만 놓고 보면 하청노동자들은 하청업체 소속의 정규직 노동자이기 때문이다. 원청업체 노동자들에 비해 차별적 처우를 받더라도 차별시정신청이라는 법적 구제절차를 밟을 수 없다. 차별시정신청 당사자는 비정규직 노동자에 한정되기 때문이다. 그래서 하청노동자들은 오히려 법의 사각지대에 놓여 있다. 그나마 하청노동자들이 법적 구제절차로서 찾아낸 것이 불법파견에 대한 문제제기다. 불법파견이 인정되면 법적으로 원청업체에게 직접고용을 요구할 수 있기 때문이다. 그러나 현대자동차 불법파견 사례에서 알 수 있듯이 불법파견이 확정적으로 인정되기 위해서는 적어도 3년, 보통 5년은 버텨야 한다. 불법파견이 인정되더라도 원청업체는 소송으로 버티기 때문이다.

결국 하청노동자들이 스스로의 근로조건을 향상시키고 노동자 권리를 보장받기 위해서는 헌법적 권한을 되돌아볼 필요가 있다. "헌법 제33조 제1항 노동자는 근로조건 향상을 위하여 자주적인 단결권·단체교섭권 및 단체행동권을 가진다." 어쩌면 하청노동자들에게 가장 힘든 방법이지만 가장 확실한 방법이기도 하다.

그래서 아사히 하청노동자들이 원청업체를 상대로 제기하고 있는 부당노동행위 사건은 중요한 의미가 있다. 이 사건은 아사히 하청노동자들만의 것이 아니다. 이 땅 모든 하청노동자들의 자유로운 노동조합 활동을 가능하게 하는 이정표가 될 사건인지도 모른다.

600일 넘게 지금도 길에서 길을 찾고 있는 아사히 하청노동자들이다. 많은 시간이 흘렀고 또 얼마나 긴 시간을 필요로 할지 알 수 없지만, 투쟁의 끝은 동지이고 희망이길 바랄 뿐이다.

아사히 하청노동자들의 노동조합 결성 이후

정리해고까지의 경과

2015. 5. 29.   사내하청노동자, 노동조합 설립.

2015. 6. 29.   원청업체, 사내하청노동자의 사업장 퇴거 통보.

2015. 6. 30.   원청업체, 하청업체와의 도급계약 중도 해지 통보.

2015. 8. 31.   하청업체, 사내하청노동자 전원 정리해고.

2015. 10. 31. 하청업체 폐업.

아사히 하청노동자들의

노동위원회 구제절차 경과

2015. 9. 14.   노동조합 및 조합원 50명, 노동위원회에 구제신청.

2015. 11. 6.   경북지방노동위원회, 각하 판정.

2016. 3. 25.   중앙노동위원회, 원청업체의 부당노동행위 인정 및
구제명령 판정.

2016. 5. 6.   원청업체, 재심 구제명령을 이행하지 않고
행정소송 제기.

2017. 4. 17.   현재 행정소송(1심) 진행 중.

아사히 하청노동자들의

고용노동청 구제절차 경과

2015. 7. 21.   노동조합 및 조합원 61명, 고용노동청에 고소.

2017. 4. 17.   현재까지 수사 중.

공공·행정의 뒷짐 속에
파괴되는 노동과 삶

신순영
전국불안정노동철폐연대 집행위원

　노동자들이 해고되거나 '비정규직으로 일하던 하청업체가
폐업'(이 역시 해고!)해 공장에서 쫓겨난 뒤 싸우는 것은 생떼를
쓰거나 완력을 행사하는 것이 아니다. 국가에는 노동자의 권리
를 보장하기 위한 최소한의 법과 제도가 있고, 모든 노동자들은
당연히 그에 따라 문제를 해결하기 위해 노력한다.

　그러나 법과 제도는 미비할 뿐만 아니라 그 집행은 자본과
권력에 유리하게 기울어져 있다. 제대로 작동하지 않는 법과 제
도, 노동자의 권리를 보호하지 않는 공공·행정의 대응 때문에
싸움은 길어지고, 노동자들은 천막을 치고 거리의 투쟁을 이어
나가게 되는 것이다. 당장 헌법만 봐도 33조 1항에서 노동자의
단결권과 단체교섭권, 단체행동권을 천명하고 있지만, 현실은

헌법을 곧이곧대로 믿어도 될 만큼 녹록하지 않다.

법과 제도가 제대로 작동했다면, 관련한 공공적인 해결 노력이 경주되었다면, 아사히 비정규직지회 노동자들은 지금 2년차 노동조합의 조합원들로 노동자의 권리를 보장받으며 일하고 있었을 것이다. 이들이 만 2년째 싸우고 있는 이유는 공공·행정이 책임 있게 제 역할을 다하지 않았거나 오히려 자본의 편에 섰기 때문이다.

특혜 속에 입주한 아사히글라스
차별과 착취에는 눈감은 경상북도와 구미시

아사히글라스 공장은 경상북도 구미시 산동면 첨단기업로 178번지에 위치해 있다. 2004년 6월 8일, 구미시와 이희범 당시 산업자원부 장관, 이의근 당시 경상북도지사는 일본 동경에서 열린 아사히글라스화인테크노코리아(약칭 AFK)와 구미 4공단 내 외국인기업전용단지 투자 양해각서 조인식을 가졌다. 이어 7월 20일 한국산업단지공단 중부지역본부는 김관용 당시 구미시장이 배석한 가운데 입주계약을 체결했다. AFK는 아사히글라스가 100퍼센트 직접 투자해 설립한 법인으로, 2004년 8월 착공식을 갖고 공장 건설을 시작했으며 2005년 7월부터 가동을 시작했다.

경상북도와 구미시는 아사히글라스의 투자를 유치하기 위해

적극적인 활동을 벌였다. 구미시는 2004년 당시 아사히글라스
가 요구하는 10만여 평의 부지를 확보하기 위해 외국인기업전
용단지 추가·확대 지정을 추진했고, 시청사 내에 '아사히글라
스 4공단 투자준비 사무실'을 마련해 한국법인 설립과 공장 건
설 및 입주 부지 조성을 위한 제반 업무, 인·허가 등의 투자 업
무를 지원할 정도였다. 그 결과, 아사히글라스는 40만 제곱미터
(11만 9천여 평)에 이르는 토지 50년간 무상임대, 법인세 등 국세
5년간 전액 감면, 지방세 15년간 감면 등의 파격적인 특혜 속에
구미공단에 입주했다.

이러한 특혜의 전제는 고용창출 및 지역경제 활성화에 기여
한다는 명목이었다. 하지만 노동조건에 대한 최소한의 기준이
나 규제는 없었다. 아사히글라스는 2005년 공장 가동 시작부터
사내하청 비정규직 노동자들을 365일 3교대와 주야 맞교대로
돌리면서 급여는 최저임금 수준을 유지해 왔다. 20분밖에 안
되는 점심시간, 비정규직 노동자들에게는 휴게실에서 먹어야
하는 도시락이 제공됐다. 작업 중에 실수하거나 관리자의 마음
에 들지 않으면 징벌조끼를 강제로 입히는 등 인권 침해도 상
시적이었다. 열악한 노동조건과 일상이 된 차별은, 수시로 시
행되는 권고사직과 집단해고가 불러오는 고용불안으로 인해
무마됐다.

투자 유치에 발 벗고 나섰던 경상북도와 구미시는, 이러한 차
별과 착취에는 눈감았다. 사내하청 비정규직 노동자들이 노동

조합을 결성하고 한 달 만에 집단해고되었음에도 달라지는 것은 없었다. "권한 밖의 일"이며 "할 수 있는 게 없다"는 것이 공통된 입장이었다. 경상북도와 구미시의 침묵은, 2015년 9월 한국산업단지공단과 아사히글라스의 10년 단위 토지 무상임대 계약 갱신으로 이어졌다. 노동자들의 문제제기와 항의에 대해 한재성 경상북도 외국인기업유치팀장은 "회사는 최선을 다했는데 민주노총 노조가 들어와서 계속 문제를 키운 것"이라는 요지의 의견을 냈다.

규제 없는 외투자본이 야기하는 폐해는 발레오만도·쌍용자동차·하이디스·한국지엠 등 수많은 사업장에서 벌어진 구조조정과 정리해고, 자본철수 위협 등에 대한 노동자들의 투쟁으로 충분히 확인되었다. 그럼에도 불구하고 사회적 책임을 강제하는 제도 정비의 노력은 시도조차 되지 않고, 지자체의 외국인투자 유치 경쟁은 반성 없이 지속되고 있다.

'위대한 구미, 찬란한 구미'의 노동친화 행정

구미시는 2008년 전국 지방자치단체 가운데 최초로 기업의 인권·노동 책임을 강조하는 UN글로벌컴팩트에 가입하고, 2012년 전국에서 두 번째로 비정규직 권리보호와 노동조건 개선을 위한 '비정규직 권리보호 및 지원에 관한 조례'를 제정하는 등 노동친화적인 행정을 표방해 왔다.

UN글로벌컴팩트는 "기업과 세계시장의 사회적 합리성을 제시하고 발전시키는 데 목적을 두고" 2000년 7월 창설된 국제 네트워크로, 인권·노동·환경·반부패에 관한 10대 원칙을 천명하고 있다. 그중 인권과 관련하여 "기업은 국제적으로 선언된 인권 보호를 지지하고 존중해야 하고" "기업은 인권 침해에 연루되지 않도록 적극 노력한다"는 두 가지 원칙, 노동과 관련하여 "기업은 결사의 자유와 단체교섭권의 실질적인 인정을 지지하고" "모든 형태의 강제노동을 배제하며" "아동노동을 효율적으로 철폐하고" "고용 및 업무에서 차별을 철폐한다"는 등의 네 가지 원칙이 있다.

위반에 대한 법적 강제력은 없지만, 가입단체는 원칙을 지키기 위한 노력과 함께 매년 이행보고서를 제출해야 한다. 그러나 관련한 구미시의 활동은 별로 확인되는 것이 없다. 2010년 남유진 구미시장이 "민선 4기의 성과와 보람"으로 내세우는 시정보고 속에 구미의 브랜드가치를 제고한 사례 중 하나로 새마을운동의 세계화 추진 등과 함께 UN글로벌컴팩트 가입이 거론되고 있을 뿐이다.

전국에서 두 번째, 경상북도 지역에서 처음으로 제정된 '비정규직 권리보호 및 지원에 관한 조례'와 관련해서는 어떨까? 조례는 비정규직 근로조건 개선을 위해 구미시장이 전문가들의 의견을 수렴해 3년마다 종합계획을 세우고, 매년 세부계획을 수립하고 시행해야 한다고 명시하고 있다. 이를 위해 공공기관 비정규직 노동자들의 근로조건 악화를 방지하고 비정규직 차별 예방을 위한 노력을 기울여야 한다고도 되어 있다. 공공부문에서부터 선도적으로 비정규직 노동자들의 권리를 보호하고 이를 통해 민간으로의 확산을 도모할 수 있는 내용이다. 그러나 2015년 8월 녹색당 구미당원모임의 정보공개청구 결과, 구미시는 조례의 정책을 거의 시행하지 않은 것으로 드러났다. 조례 제정 이듬해인 2013년 이후 공공부문 비정규직에 대한 정규직 전환은 한 명도 없었고, 비정규직 권리보호를 위한 교육이나 구미시 소재 사업장에 대한 최저임금 준수 노력 등도 전혀 확인되지 않았다.

비정규직 집단해고로 드러난 구미시의 민낯

노동·인권 보호를 위한 국제네트워크 가입과 비정규직 권리보호를 위한 조례 제정에도 앞장선 구미시의 진정성은, 아사히글라스 비정규직 노동자들의 집단해고에 대한 대응을 통해 오히려 선명하게 드러나기 시작했다.

아사히 비정규직지회 노동자들은 집단해고 직후인 2015년 7월부터 공장 앞에 천막을 치고 농성을 시작했다. 8월부터는 지역대책위와 함께, 투자를 유치한 구미시에 고용안정 보상을 위한 책임 있는 역할을 요구하며 '아사히글라스 대량해고 사태 해결 범시민서명운동'을 벌였다. 한 달여 만에 40만 명의 구미시민 중 3만 4천 명이 동참한 서명을 구미시의회에 제출했다.

권한이 없다는 핑계로 외면하는 구미시를 압박하기 위해 10월 5일부터 구미시청 앞에서도 농성을 시작했다. 그제서야 구미시는 '노사민정협의회 설치 및 운영 조례'에 근거한 노사민정협의회 및 노사민정실무협의회 자리를 마련했다. 하지만 구미시와 고용노동부 등이 참여한 자리에서 사측이 제시한 해결안은 고용 보장이 아닌 금전적 보상이었고, 노동조합은 이를 거부했다.

이후 구미시는 아사히글라스 노동자들의 투쟁을 외면하며 점차 태도를 바꿨다. 구미시청 앞에서 농성하던 조합원이 10월 22일 남유진 구미시장의 차에 치이는 사고가 발생했지만, 사과도 배상도 없이 넘어갔다. 10월 말에는 시청 앞 농성장에 대한 철거 통보와 함께 시청공원 내 안전사고 예방을 빌미로 전기를 모두 끊었다. 해를 넘겨서도 농성이 계속되자, 구미시가 농성장을 표적 감시하는 정황이 포착됐다. 구미시청 관제상황실에서 CCTV로 농성장을 지켜보는 것을 조합원이 발견해 문제제기하자, 구미시는 방범용이라고 발뺌했지만 온라인에 공개된 설치 현황에서 해당 CCTV는 확인되지 않았다.

폭력적인 행정대집행으로 구미시는 편파행정의 정점을 찍었다. 3월 말 중앙노동위원회가 사내하청업체 GTS 계약해지는 부당노동행위라며 원청인 아사히글라스에 노동자들의 생계대책을 마련하라고 판정하고, 이어 아사히글라스의 노사협의회

의장이 조합원을 만나 노동조합 탈퇴를 종용한 직후였다. 2016
년 4월 21일, 아침 7시부터 칠백 명의 철거 용역이 시청과 공장
앞에 차려진 농성장 두 곳에 들이닥쳤고, 내리는 빗속에서 위험
천만한 철거가 강행됐다. 남유진 구미시장은 공장 앞 철거 현장
에 나타나 격려하듯 시찰하고 금세 자리를 떴다. 천막에 맨몸을
묶고 저항하던 조합원 중 네 명이 부상당해 병원에 실려 가고,
차헌호 지회장을 비롯한 네 명은 공무집행방해 혐의로 현장에
서 연행됐다. 구미시는 '기업하기 좋은 도시'와 시민 불편을 내
세우며 행정대집행을 정당화했지만, 노동자들의 끈질긴 항의
에 결국 유감을 표명하고 440만 원을 배상했다.

자본의 편에 선 공권력

아사히글라스 자본은 노동조합이 만들어지자 도급계약 기
간이 남아 있는 사내하청업체를 계약해지해 170명의 노동자를
집단해고했다. 불합리하고 비상식적인 상황을 바로잡아야 할
구미시는 문제 해결이 아닌 노동자 탄압에 집중했다. 이러한 상
황은 공권력이 자본의 편에 서는 것이 자연스러운 왜곡된 사회
현실을 반영하는 것이기도 하다. 자본과 구미시에 이어 경찰까
지 가세한 노동조합에 대한 탄압이 이어졌다.

사내하청 비정규직 노동자들이 노동조합을 만들자 한 달 만
에 계약해지와 함께 출입이 금지된 공장에는 열 대가 넘는 경찰

ⓒ영경취

차가 출동했고, 용역들과 조합원들의 충돌이 이어지자 경찰은 출근하다시피 공장에 상주해 사태를 지켜보기만 했다. 저항하는 노동자들보다 수십 배 많은 철거 용역이 동원된 행정대집행 현장에서도 경찰은 시민의 안전이 아닌 철거 행위를 '방해'하는 이들을 격리하고 연행하는 임무에만 충실했다. 농성장 폭력 철거 이후에도 노동자들의 투쟁이 계속되자, 경찰은 탄압의 주체로까지 나섰다.

2016년 5월, 아사히 비정규직지회는 구미시청 앞 진출로와 아사히글라스 공장 앞에 대한 6월 23일부터 7월 19일까지의 집회신고서를 구미경찰서에 제출했다. 구미경찰서는 교통방해와 통행방법 위반 및 집회참여 인원이 소수라는 점 등을 이유로 장소 변경 보완을 요구했고, 노동조합이 이를 거부하자 금지를 통고했다. 대구경북지역 민중대안언론 『뉴스민』이 경북지방경찰청에 정보공개청구를 한 결과, 2015년 1월부터 2016년 6월까지 신고된 5,215건 중에 금지통고를 받은 경우는 아사히 비정규직지회의 집회신고가 유일한 것으로 확인됐다.

구미경찰서의 무리한 집회금지통고는 7월 14일 대구지방법원 제1행정부가, 아사히 비정규직지회의 옥외집회금지통고처분취소 신청을 받아들임으로써 그 부당성이 입증됐다. 경찰의 자의적 공권력 행사에 제동을 건 것은 환영할 일이지만, 법원 역시 노동자 투쟁에 있어 공정한 심판자의 역할을 하는 것만은 아니다.

2016년 10월 28일, 아사히글라스는 노동조합에 공장 앞 농성장 천막 철거 공문과 '불법시설물 설치 금지 가처분 신청'에 대한 집행문 부여 결정문을 함께 보냈다. 내용은 차헌호 지회장을 포함한 다섯 명의 조합원에 대해 각 5백만 원씩의 강제금을 부여한다는 것으로, 사측은 기존의 간접강제금 1일 50만 원씩에 더해 2016년 9월 29일 이후에도 추가적인 집행문을 발급받아 강제집행할 수 있다고 덧붙였다.

이는 공장 경계 울타리와 30미터 떨어진 담벼락 끝부분에 걸쳐 있는 천막농성장 지지대를 '부지내 불법시설물'로 문제 삼은 아사히글라스의 가처분 신청을 대구지방법원 김천지원이 받아들였기에 가능한 통보였다. 법원은 50년간 토지를 무상임대한 아사히글라스의 억지 주장을 그대로 수용해, 해고노동자들을 압박하는 자본에 힘을 실어준 것이다.

종이호랑이 국정감사,
있으나마나 한 국제규범

아사히글라스의 집단해고에 대해 그나마 역할을 하기 위해 노력한 것은 국회였다. 2015년 7월 말 새정치민주연합 을지로위원회 우원식 위원장은 구미시를 방문해 관계자들을 면담하고 구미시장을 국정감사 증인으로 채택하기로 했다. 문제 해결을 외면하던 고용노동부 구미지청장을 농성장으로 불러들여

노동조합과의 간담회를 진행하고 특별근로감독을 권유하기도 했다. 노동자들은 누구도 들어주지 않는 자신들의 목소리에 귀 기울이는 국회가 반가웠을 것이다. 그러나 '힘없는' 자들을 대의하려는 집요한 노력이 수반되지 않는다면 이는 절박한 투쟁을 이어가는 노동자들에게 반복되는 '희망고문'에 그칠 수밖에 없다. 현실이 달라지지 않는다면 말이다.

2015년 9월 10일, 아사히글라스의 하라노 다케시 대표이사가 산업통상자원위원회 국정감사에 증인으로 출석했다. 전순옥 의원과의 질의응답에서 그는 사내하청업체 GTS에 대한 도급계약 일방 해지와 하청업체 노동조합 사찰 의혹 등에 대해 부인했지만, 이는 명백한 증거들로 인해 위증으로 밝혀졌다. 노동계와 을지로위원회는 아사히글라스를 '하도급거래 공정화에 관한 법률' 및 '노동조합 및 노동관계조정법' 위반 혐의로 공정거래위원회와 고용노동부에 고발했다. 그러나 공정거래위원회는 무혐의 처분, 고용노동부는 이후 실질적인 조사를 진행하지 않았다.

1년이 지난 2016년 10월 산업통상자원위원회와 환경노동위원회 국정감사에서도 아사히글라스의 집단해고 문제는 도마에 올랐다. 아사히글라스 부당노동행위에 대한 근로감독 결과를 1년이 넘도록 내놓지 않은 대구고용노동청은 질타를 받았지만 그때뿐이었고, 증인으로 출석한 아사히글라스 임원들은 형식적인 답변으로 자리를 모면할 뿐이었다.

한편 을지로위원회와 민주노총법률원은 아사히글라스의 일방적인 도급계약 해지에 대해 'OECD 다국적기업 가이드라인' 위반으로 국내연락사무소인 한국NCP에 진정을 하기도 했다. 'OECD 다국적기업 가이드라인'은 책임 있는 기업행동에 관한 원칙과 기준으로, 회원국 공동 명의로 다국적기업에 대해 일정한 사회적 책임을 부여하는 국제규범이다. 법적 구속력은 없지만 한국 등 44개의 수락국들이 국내연락사무소 설치를 통해 가이드라인 이행 관련해 제기된 문제를 처리하며 이행력을 확보하고 있다고 밝히고 있다.

2016년 9월 한국NCP는 아사히글라스의 일방적인 도급계약 해지에 대한 '가이드라인' 위반 이의제기 진정을 받아들여 1년 만에 중재위원회를 구성하고 추가절차를 진행하기 시작했다. 이는 진정 접수 90일 이내에 추가조사 및 중재 여부를 결정해야 하는 자체 운영규정을 위반한 것이었지만, 2000년 사무소 설치 이후 처음으로 중재를 시작한 사건이기도 했다. 그러나 한국NCP는 원직 복직과 위로금 지급 등 노사 간의 입장이 첨예하게 부딪힌다는 이유로 2016년 12월 중재를 중단했다. 선언적인 국제규범으로는 외국인투자기업에 대해 그 어떤 사회적 책임도 물을 수 없다는, 자명한 한계가 다시 확인됐다.

노조 탄압 흑역사를 넘어설 수 있는 힘

아사히 비정규직지회 노동자들이 원한 것은 노동조합을 통해 노동자의 권리를 보장받고 인간답게 사는 것이었다. 이 당연하고 소박한 요구에 돌아온 답은 문자 한 통의 집단해고. 노동자들은 일터에서 쫓겨났고 비정규직의 불안한 삶은 뿌리째 흔들리기 시작했다. 고용노동부가, 구미시가, 국회가 있고 법과 제도가 있지만, 누구도 무엇도 힘이 되지 못했다. 힘이 되어주지 않았다는 것이 더 정확한 표현일지 모른다.

아사히 비정규직지회가 겪은 2년은, 전체 노동자의 절반을 차지하지만 노동조합 가입률은 2퍼센트대를 벗어나지 못하는 비정규직 노동자들의 오늘을 선명하게 보여준다. 최소한의 권리를 위해 일생일대의 용기를 냈지만 하루아침에 거리로 내몰리고 사방의 적을 마주하는 현실은, '노예'가 아니면 '유령'이라는 잔혹한 선택을 강요한다. 그러나 지배세력의 공모, 공공·행정의 이름으로 함께 써온 노조 탄압의 흑역사를 넘어설 수 있는 힘 역시, 단결과 연대로 싸우는 노동자들 속에 잠재되어 있음을 잊어서는 안 될 것이다.

전범기업 아사히글라스와
악마 변호사 김앤장

안명희
전국불안정노동철폐연대 집행위원

　아사히글라스 비정규직 노동자들의 투쟁에서 심심찮게 언급
되는 말이 있다. 바로 '전범(전쟁범죄)기업'과 '김앤장'이다. 왜?
궁금증이 일 법하다. 일제강점기 뼈아픈 역사적 문제와 국내 최
대·최고 법률회사가 비정규직 노동자들의 투쟁에서 이야기되
는 까닭이 말이다.

　관심을 가지고 자세히 들여다보면 알게 된다. 전혀 연관성 없
어 보이는 것들이 실은 하나의 고리로 연결되어 있다는 것을.
그 연결고리를 끊기 위해 맨 아래서 일하는 비정규직 노동자들
이 맨 앞에서 싸우고 있다는 것을. 여기에 우리가 아사히글라스
비정규직 노동자들의 투쟁을 지지하고 그 투쟁에 함께해야 하
는 이유가 있다.

반복되는 역사,
전범기업 아사히글라스의 노동 착취

군함 모양을 닮아 '군함도'라 불리는 섬이 있다. '메이지 산업 혁명 유산'으로 유네스코 세계문화유산에 등재시킬 만큼 일본 에겐 자랑스러운 섬이다. 이 섬이 일제강점기 조선인 노동자들 에게는 '지옥섬'으로 불렸다. 강제징용되어 이 섬의 해저 탄광 에서 하루 열두 시간씩 채굴 작업에 시달렸던 노동자들은 섬에 서 도망쳐 나오려다 붙잡혀 맞아 죽기도 했고 바닷속에 빠져 죽 기도 했으니, 지옥이 있다면 바로 이 섬이라 할 만했다. 이 지옥 섬의 소유주는 일본 3대 그룹 중 하나인 미쓰비시 그룹으로 미 쓰비시는 대표적인 전범기업으로 손꼽힌다. 이 미쓰비시 가에 서 설립한 기업이 바로 아사히글라스이다.

아사히글라스는 2005년 '아사히글라스화인테크노코리아'라 는 자회사를 만들며 우리나라에 들어왔다. 외국자본 유치에 혈 안이 되어 있던 경상북도와 구미시의 전폭적인 지지를 받으며 구미공단에 들어온 아사히글라스는 50년간 토지 무상임대, 5년 간 국세 전액 감면, 15년간 지방세 감면이라는 파격적인 특혜를 입었다. 그리고 10여 년 동안 엄청난 수익을 올렸다. 연평균 매 출 1조, 연평균 당기순이익 800억, 사내유보금은 7,200억이나 되었다. 우리는 이 이익이 어디에서 얻어진 것인 줄 너무도 잘 알고 있다. 최저임금만 받으며 365일 3교대, 주야 맞교대 근무 를 번갈아 하며 장시간 일했던 비정규직 노동자들이 만들어준

수익이란 걸 말이다.

경상북도는 아사히글라스를 유치할 당시엔 전범기업인 줄 몰랐다고 했다. 전범기업이라고 해서 계약을 파기할 순 없다고도 했다. 또 외국인투자기업을 유치할 때 기업의 과거까지 조사하지는 않는다고, 조사할 의무도 없다고 했다. 그랬다. 지자체는 고용창출과 지역경제 활성화를 위한 투자만 중요하게 여길 뿐이지 그 기업이 역사적으로 어떠했든 그것을 문제 삼지는 않는다는 것이다.

시간을 거슬러 올라가 박정희 정권 때도 그랬다. 조선인 노동자들의 강제 노동으로 배를 불렸던 미쓰비시가 1965년 한일 국교정상화 이후에 우리나라에 들어와 여러 국가사업을 도맡아 진행하며 많은 이윤을 챙겨 갔다. 박정희 정권에게도 미쓰비시가 전범기업이냐 아니냐가 중요하지 않았던 것이다. 경제부흥이라는 목적만이 중요했을 따름이었다.

이렇게 역사가 반복되고 있다. 일제강점기, 박정희 정권, 그리고 지금, 언뜻 보면 달라 보이지만 본질은 같은 일들이 되풀이되고 있다. 이윤을 위해 정부와 기업이 한통속이 되어 노동자들을 착취하고 탄압하고 있지만 그 누구도 그에 대한 책임을 지지 않는다. 강제로 끌려가 죽을 만큼 일하고 죽기까지 했는데 사과조차 받지 못했다. 달랑 문자 한 통으로 노동자들의 생존권을 빼앗은 기업임에도 여전히 받을 수 있는 혜택이란 혜택은 다 받고 있다. 사람을 노동자를 짐승 부리듯 부리고 있는데도 경제를 살리기 위해서라면 그 모든 것이 허용된다. 실상 그 이윤을 만들고 경제를 살려내는 건 노동자임에도 그 사실은 번번이 외면받는다. 그러니 이 끔찍한 일들이 계속되고 반복되는 건 어찌 보면 당연한 결과이다.

악덕 기업을 변호해 온 김앤장

2016년, 김앤장은 미쓰비시를 비롯한 여러 전범기업을 대변하고 있다는 사실이 알려지면서 사회적으로 지탄을 받았다. 일제강점기 때 강제징용되었던 피해자들이 한국과 일본을 오가며 20년 가까이 전범기업에 맞서 손해배상 소송을 벌여 왔는데, 김앤장이 전범기업을 대리해 1965년 체결된 한일 청구권 협정으로 피해자에 대한 배상은 모두 끝난 일이라며 주장하고 있어서였다. 또한 김앤장은 가습기 살균제 사건의 주범인 옥시레킷벤키저(옥시)의 변호를 맡은 데 그치지 않고, 옥시에 불리한 증거가 될 가습기 살균제의 유해성에 대한 진실을 조작하고 은폐하려 했다는 의혹을 받아 역시나 엄청난 비난을 받았다.

물론 김앤장이 악덕 기업을 변호하고 있다는 그 사실 하나만 가지고 지탄을 일삼는 건 무리가 있다. 변호사의 직업윤리를 규정한 변호사윤리장전 제16조(수임 거절 등)는 "변호사는 의뢰인이나 사건의 내용이 사회 일반으로부터 비난을 받는다는 이유만으로 수임을 거절하지 아니한다"고 명시하고 있다. 누구든 변호받을 권리가 있으므로 변호사는 사건을 가려 변호해서는 안 된다는 것이다. 그러니 김앤장은 악덕 기업이든 아니든 변호할 수 있고, 그 변호 행위에 대해 비난받을 수는 없다는 것이다. 그렇다고 해서 변호받을 권리를 이유로 들어 김앤장의 행태를 옹호하는 것은 너무도 궁색하다. 우리가 김앤장을 비난하는 이유가 순전히 김앤장이 악덕 기업을 변호해서가 아니기 때문이다. 이쯤 되면 정말 궁금해진다. 도대체 김앤장이 뭐길래 이토록 사회적으로 의견이 분분하고 논란이 끊이지 않느냐는 말이다.

김앤장은 1973년 김영무 변호사의 사무소에 장수길 변호사가 합류하면서 만들어졌다. 김영무와 장수길의 성을 따 '김앤장 법률사무소', 'KIM & CHANG'이라는 명칭을 쓰는데, 여기에서 알 수 있듯이 김앤장은 법무법인(로펌)이 아니라 합동법률사무소이다. 팀을 이뤄 공동 운영되는 법무법인이 아니라, 변호사마다 각기 다른 업무를 진행하는 개인사무소의 집합체와 같은 합동법률사무소라는 것이다. 그러나 법적으로만 그러하지 실제 운영은 법무법인처럼 하고 있다. 그렇다면 왜 김앤장은 이렇게 기형적으로 운영되는 것일까? 세금을 회피하고, 쌍방대리를 하기 위해서라는 데 그 이유가 있을 것이다. 어찌 됐건 김앤장은 그 기형적인 형태로 그때그때 필요에 따라 자신들의 행위를 옹호하면서 모든 논란을 잠식시킬 만큼 대단한 우리나라 최대·최고의 법률회사라는 데엔 이견이 없다. 변호사의 수도 가장 많고 매출 규모도 가장 크다. 법률계의 삼성이라고 불릴 만큼 사회적인 영향력도 엄청나다.

악마의 변호사,
악마가 된 변호사

이 같은 김앤장의 사회적 성공은 어떻게 만들어진 것일까? 일차적으론 최고로 유능한 변호사들을 고용하고 있다는 데 있다. 김앤장은 사법시험과 사법연수원에서 최고의 성적을 받은 변호사들만을 가려 뽑았고, 국내에서는 처음으로 소속 변호사들에게 외국 로스쿨 유학과 해외연수를 실시할 만큼 인재에 대한 투자를 아끼지 않았다. 이뿐 아니다. 최고의 변호사들을 모으는 데 그치지 않았다. 김앤장은 전직 판사와 검사 또한 적극적으로 영입했고, 전문성의 강화라는 명목으로 고위 공직자들까지 모두 다 끌어안았다. 전직 판사와 검사를 비롯한 변호사 그룹과 비변호사 전문가 집단이라는 인재풀이 김앤장의 성공 신화를 뒷받침하고 있다는 것이다. 그런데 이 부분에 맹점이 있다. 김앤장은 전직 판사와 검사, 고위 공직자들의 업무 능력만을 높이 사 영입한 것은 절대 아니라는 것이다. 이들이 비공식적으로 움직일 수 있는 힘을 활용하기 위해서라는 데 더 큰 이유가 있다.

우리 사회의 큰 문제로 지적되는 게 바로 지극히 비공식적이고 사적인 관계망을 활용해 정치·사회적인 영향력을 발휘한다는 것이다. 김앤장은 법률계의 고질병인 전관예우와 전직 고위 공직자들의 정보와 권위적인 조직 관계망을 활용해 자신들에게 유리한 결과를 얻어낸다. 김앤장의 변호사들이 고위 공직자로 들어가거나 퇴직한 고위 공직자들이 김앤장으로 들어오거나 하면서 끊임없이 정부와 공공기관과의 끈끈한 관계를 형성하고 지속한다. 공적 업무에서 얻은 정보를 바탕으로 기업의 이익을 위해 정부정책까지도 바꿀 수 있을 만큼 강력한 영향력을 발휘한다. 그래서 김앤장이 위험한 존재라는 것이다. 판·검사와 고위 공직자들을 사들여, 공공의 이익을 위해 써야 할 영향력을 지극히 김앤장을 위한 사적 이익을 위해 쓰고 있기 때문이다.

이렇듯 김앤장은 접근이 쉽지 않은 법률을 만지며 자신의 힘을 과시하는데 그 힘은 무엇으로도 통제받지 않는다. 이미 김앤장은 스스로 하나의 권력이 되어버렸다. 자본과 권력의 편에 서 그들의 이익을 옹호하고 있을 뿐 아니라, 김앤장 그 자체가 권력이 되어 이 사회에 악영향을 끼치고 있다. 역사의식도 없고, 시민의 건강과 생명과 안전에 대한 책임의식도 없다. 그러면서도 노동자의 권리와 생존권을 빼앗는 데는 적극적이다. 악마를 변호하면서 악마가 되어버린 것이다. 김앤장이 해체되어야 하는 이유가 점점 더 분명해진다.

© 엄경철

노동권 말살과 노조 파괴를 일삼는 김앤장

공장을 점거하고, 삭발을 하고, 두 번씩이나 하늘에 오르고, 곡기를 끊고……. 죽는 것 빼고는 다 해봤다는 기륭전자 노동자들의 투쟁의 시작은 바로 '문자 해고'였다. 당시 조합원들 사이에서는 전화기를 없애버리자고, 그러면 해고 문자 안 받을 거 아니냐는 말이 오갈 정도였다. 퇴근하는 버스 안에서, 가족들과 함께하는 저녁식사 시간에 받는 해고 문자는 끔찍했다. 아사히글라스 비정규직 노동자들에게도 그랬다. 회사는 전기공사를 한다며 하루 쉬게 하고서는 노동자 170명에게 해고 문자를 보냈다. 이렇게 비인간적이고도 잔인한 해고 방식을 처음 쓴 것이 바로 김앤장이다. 2004년 외환카드 정리해고 때 김앤장은 해고 통보를 문자로 보내더라도 법률적인 효력이 있다고 했다. 이후 핸드폰 문자 해고는 많은 기업이 활용하는 해고 방식으로 자리를 잡았다.

또한 김앤장은 현재의 긴박한 경영상의 문제가 아니라 미래에 올 수도 있는 경영 악화의 위협도 정리해고의 요건이 된다고 해석했다. 근로기준법 제24조(경영상 이유에 의한 해고의 제한)는 "사용자가 경영상 이유에 의하여 근로자를 해고하려면 긴박한 경영상의 필요가 있어야 한다"고 명시하고 있다. 그런데 흥국생명 정리해고 당시 김앤장은 단체협약을 준수하지 않더라도 벌칙이나 배상 같은 조항이 없기 때문에 이를 지키지 않아도 법적인 문제가 없고, 미래 위기에 대비한 경영상의 해고 역

시도 필요하다며 흥국생명의 정리해고를 정당화시켰다. 정리
해고를 하지 않겠다는 단체협약을 어겨도 문제없고, 근로기준
법에 명시한 정리해고 요건을 엄격히 지키지 않아도 괜찮다는
김앤장의 악의적인 법률 해석으로 인해 많은 노동자들이 길거
리로 내몰렸다. 기업의 인수·합병, 구조조정으로 생존권을 박
탈당한 노동자들의 눈물이 곧 김앤장이 벌어들이는 돈이 되었
던 것이다.

　2012년 국회 청문회와 국정감사를 통해 밝혀진 사실은 모두
를 놀라게 했다. 불성실한 교섭으로 노조의 파업을 유도하고,
파업이 벌어지면 불법적으로 직장폐쇄를 한 뒤 어용노조를 설
립, 이 모든 과정 과정에 용역깡패를 동원해 노동자들에게 폭력
을 가하는 이 엄청난 일들이 실은 정부와 기업의 '노동조합 파
괴 시나리오'에 따라 행해진 일이라는 거였다. 더욱이 한 사업
장에서만이 아니라 이미 많은 사업장에서 노조파괴 공작이 펼
쳐지고 있었다는 데 모두가 경악했다. 그리고 어김없이 여기에
도 김앤장은 등장했다.

　지금 이 순간에도 아사히글라스 비정규직 노동자들을 비롯
해 유성기업, 갑을오토텍, 하이디스, 시그네틱스, 동양시멘트,
현대자동차 비정규직 노동자들은 김앤장의 다양한 노조파괴
행위에 치를 떨고 있다. 노동자의 권리나 생존권은 김앤장에 고
려의 대상이 아닌 것이다. 기업의 이익을 위해 법률이라는 갑옷
을 입고 노동자들을 그저 돈벌이의 대상으로 삼으며 노동자들

을 향해 칼을 휘두르는 김앤장 때문에 많은 노동자는 오늘도 고통받고 있다.

아사히글라스 비정규직 투쟁에
함께해야 하는 이유

그동안 아사히글라스 비정규직 노동자들은 말해 왔다. "과거 우리 조상을 끌고 가 착취한 전범기업이 오늘날 다시 우리나라 노동자들을 탄압하고 있다"고. "김앤장이 법률 부문을 담당하면서 노조파괴에 앞장서고 있다. 김앤장이 법정 대리인으로 사용자 측의 손을 들어주면 결국 회사의 노조탄압 행위는 정당한 것이 된다"고. 투쟁하면서 몸으로 절절히 느끼고 알아온 것을 입 밖으로 토해내 왔던 것이다.

일제강점기 뼈아픈 역사적 문제와 시민의 생명과 건강의 문제가 노동의 문제와 별개일 수 없다는 것을 아사히글라스 비정규직 노동자들은 투쟁을 통해 우리에게 보여주고 있다. 전혀 연관성이 없어 보였던 전범기업과 김앤장이 아사히글라스 비정규직 노동자들의 투쟁으로 그 연결고리가 드러났기 때문이다.

아사히글라스 비정규직 노동자들은 공장으로 돌아가기 위해서라도 전범기업과 김앤장에 맞서 싸우지 않으면 안 된다. 노동자들을 착취하고 탄압해 온 자본과 그 편에 서 스스로 악마가 되어버린 김앤장을 깨부수어야만 공장으로 돌아가 노동자의 권리를 되찾을 수 있어서다.

아사히글라스 비정규직 노동자들이 공장으로 돌아가는 날, 분명 우리 사회는 일보 전진해 있을 게 분명하다. 그를 위해서라도 우리는 아사히글라스 비정규직 노동자들의 투쟁에 함께해야만 한다.

노동자는 하나다!
품앗이를 넘어 공동투쟁으로

초희
전국불안정노동철폐연대 회원, 지역사회 노동자운동 지지모임

노동의 가치가 존중되는 사회를 만들기 위해서는 노동자의 기본권리가 지켜져야 한다. 그러나 아직도 노동조합에 관한 이 사회의 인식은 비루하다. 당연한 권리 앞에서 노동자는 희생을 강요당한다. 수많은 노동자들이 노동조합을 만들었다는 이유로 해고당하고 길거리로 쫓겨났다. 아사히 비정규직 지회가 노조를 만들자 문자 한 통으로 해고를 당한 것처럼 전국에는 쫓겨난 노동자들이 차고 넘친다.

아사히 비정규직 노동자들은 기필코 생존해서 척박한 땅, 구미공단에 민주노조 깃발을 꽂겠다는 신념으로 긴 해고복직투쟁을 결심했다. 그러나 투쟁이 길어질수록 자신의 싸움 안에 갇히면 싸움이 더 알려지기보다는 축소되고 지치게 된다. 가장 두

려운 건 고립이다.

더 많은 노동자들이 자신의 문제를 해결하기 위해서는 사회를 변화시키는 투쟁을 해야 한다. 해고는 사회적 타살 행위라는 경종을 울리고, 불안정한 노동으로 권리를 상실한 비정규직이 확대되는 것을 막아야 한다. 이 사회가 모든 노동자의 노동기본권을 온전히 보장하도록 요구하며 싸워야 한다.

전국의 방방곡곡에서 "투쟁! 투쟁!"한다. 2014년 4월 16일 세월호학살의 진상규명은 이뤄지지 않았고, 미수습 실종자는 찾아내지 못했다. 민중의 삶을 송두리째 뒤흔든 재개발과 핵발전소, 전쟁위협 군사시설 확충 등의 현안들이 펼쳐져 있다. 노동자들은 공장폐쇄, 구조조정, 정리해고, 민주노조말살 공격을 받는다. 투쟁하는 노동자들은 늘어나고 있다. 장기간 투쟁하는 노동조합이 생존하는 것은 쉽지 않은 일이다.

이유 있는 투쟁, 노동자들 모이다

생존을 위한 연대가 절실한 이들은 모이자고 한다. 품앗이 연대를 넘어서 진정 사회를 바꾸는 투쟁을 해보자고 한다. 처음부터 많은 곳의 호응을 얻지 못했지만 공동투쟁을 제안하자 화답한 투쟁사업장들이 있었다.

동양시멘트 지부. 동양시멘트는 위장도급 판정을 받고서 정규직으로 전환해야 할 하청노동자들을 오히려 공장에서 해고

했다. 해고된 노동자들은 고용노동부로부터 부당해고와 부당노동행위까지 인정받았지만 현장복직은커녕 아직도 서울 본사와 강원도 삼척공장에서 '정규직 전환'을 요구하며 싸우고 있다.

특1급의 화려한 세종호텔. 그 안에서도 노동자 쥐어짜기와 재단의 부정비리로 속이 새까맣다. 세종호텔 노동조합은 세종호텔 자본의 집요한 노조탄압에 맞서 싸운다.

경기도 이천의 금속노조 하이디스 지회. 회사는 현대전자 소속의 유망한 사업부로 디스플레이 핵심기술을 특허로 보유하고 있었지만 모기업의 어려움으로 분사 후에 해외기업에 매각되었다. 회사를 인수한 대만 E-잉크사는 특허기술만 빼돌린 뒤 정리해고와 폐업을 했고, 노동자들은 이 '먹튀자본'에 맞서 싸우고 있다.

보건복지부 산하의 사업기관인 사회보장정보원은 마흔두 명의 비정규직 노동자에 대해 2015년 상반기까지 정규직 전환 계획이 있었음에도 이들을 계약해지해 해고시켰다. 계약해지의 부당성에 맞서 두 명의 여성노동자가 해고복직투쟁을 하고 있다.

금속노조 콜트콜텍 지회는 회사의 정리해고에 맞서 10년 동안 투쟁하고 있는 장기투쟁사업장이다. 기타제조사로 2006년 일 년 빼고는 적자를 낸 적 없던 튼실한 기업이 2007년 "경영악화"라는 명목으로 노동자들을 모두 해고했다. 2015년 9월 3일, 당시 새누리당 김무성 대표가 최고의원회의에서 "강경노조가 제 밥그릇 늘리기에 몰두해 건실한 회사가 아예 문을 닫는 사례가 많다"면서 콜트콜텍을 언급해, 해당 노동자들이 여의도 새누리당사 앞에서 사과를 요구하며 노숙농성을 해서 대표직을 상실한 김무성 씨에게 사과를 받아내기도 했다. 이 사건은 사회시도층이라는 자들이 노동조합을 바라보는 시선을 보여주는 사례이다.

금속노조 하이텍알씨디코리아 분회는 노동조합을 만든 지 30년가량 된, 전노협, 민주노총의 역사와 궤를 같이 하는 장수노동조합이다. 노동조합 활동을 하는 동안 쉴 새 없이 회사와 긴장하며 싸웠다. 구로공단에 위치한 공장을 폐업하려는 자본의 의도에 맞서 파업하던 중에 회사가 끝내 공장을 매각하고 폐업을 자행해, 민주노조를 지키기 위해서 투쟁을 전개하고 있다.

금속노조 현대자동차 비정규직지회. 노동부와 대법원에서 불법파견이라는 판정을 받았지만 비정규직의 정규직 전환은 여전히 이루어지지 않고 있다. 비정규직 노동자들이 노동조합으로 단결하고 자본의 불법에 대항해 자신의 권리를 찾아나서자 현대라는 거대자본은 무력을 동원해서 폭력과 무법천지로 비정규직 노동조합을 탄압하고 있다.

희망연대노조 티브로드 비정규직지부는 케이블방송 설치기사들이 만든 노동조합이다. 티브로드가 협력사라는 형식을 취해 노동자를 고용하고 있지만 실제적인 지배와 감독을 하는 것은 티브로드이다. 원청사용자 인정을 요구하며 법과 제도개선 싸움도 한 축으로 하면서 전국 수십 개 협력사에 흩어진 노동자들의 일상적인 계약해지와 근무조건 하락에 맞서 싸우고 있다.

한국지엠의 군산과 창원 공장은 한국의 완성차공장이다. 경제위기의 책임을 노동자에게 전가시키면서 비정규직을 양산했던 공장이다. 또다시 경제위기의 상황에서 비정규직 노동자를 우선 해고해 정규직 노동자의 고용안전판으로 활용했지만 한국지엠도 불법파견으로부터 자유롭지 못하다. 불법파견 소송에 일부 승소한 결과가 나오면서 다시 희망을 찾은 노동자들이 비정규직 노동조합을 재건하고 정규직화의 희망을 현실로 만들기 위해 활동하고 있다.

그 밖에도 마리오아울렛, SK브로드밴드, KTX승무열차지부, 기아차 비정규직 등이 함께해 왔다.

"함께 싸우고 함께 승리하자"

2015년 10월 말에 공동투쟁의 움직임이 시작되었다. 각 투쟁 사업장의 형편과 상황은 분명 다르지만, 사건이 터질 때마다 동원하고 밀어주는 품앗이 연대는 넘어서자는 목소리가 모였다. 노동탄압, 민생파탄의 주범인 박근혜정권을 퇴진시키는 공동투쟁을 하기로 했다. 서울, 이천, 삼척, 군산, 구미, 울산 등에 흩어져 있는 노동자들에게 공동투쟁이 과연 가능할까? 의심도 들었지만 공동의 거점을 두고 단일한 전선을 구축하기로 했다.

처음부터 의논한 대로 일이 척척 진행되지는 못했다. 조합원들이 "함께 싸우고 함께 승리하자"는 의미를 이해하는 건 꽤나 긴 시간의 대화와 설득의 과정이 필요했다. 대표자들이 모여서 논의하고 결정하더라도 하나의 목표로 하나의 실천을 만들어가기 위해선 조합원들 간의 단결이 무엇보다 중요하다.

2015년 12월 구미 해평수련관에서 첫 수련회를 했다. 서로의 형편을 잘 몰랐던 시절, 투쟁사업장의 노동자라는 공통점으로 모였지만 모두가 낯설기만 하다. 하지만 나만 싸우고 있는 것이 아니었다. 나와 비슷한 처지의 사람들이 정말 많다. 그들과 함께 싸우면 우리는 훨씬 더 큰 싸움을 해낼 수 있을 거란 희망을 보기 시작했다. 여러 사업장이 하나씩 실천을 해나가면서 '투쟁사업장 공동투쟁'의 모양새가 갖춰지기 시작했다.

실천의 수준도 조금씩 높아졌다. 서로의 보폭을 맞추고 호흡도 가다듬으며 한 발씩 앞으로 나아갔다. 각 사업장의 문제로 요구했던 것들을 큰 줄기로 관통하는 하나의 요구로 모았다. 투쟁의 방향과 계획을 하나되게 만들어가는 길은 또 하나의 지난한 투쟁이었지만, 모두가 함께 싸울 때만이 승리할 수 있다는 전망을 놓칠 수 없었다. 당장 눈에 보이지 않지만 시작했다.

이미 세종호텔과 티브로드, 사회보장정보원, 그리고 콜트콜텍과 하이텍, 하이디스와 동양시멘트 등은 서울에서 거점농성, 집회, 문화제 등의 다양한 방식으로 싸우고 있었다. 처음엔 '충무로 공동투쟁'으로 일정을 조정하고 하나로 묶어 함께 투쟁할

© 뉴스민

수 있는 방법을 모색했다. 시급한 문제가 발생하면 공동투쟁단위가 긴급 소집되어 소수로 고군분투하고 있는 투쟁사업장에 실질적인 힘이 되어주고 영향력을 발휘했다.

2016년 3월에는 수준 높은 실천을 기획한다. 전국의 투쟁하는 노동자들을 직접 찾아다니면서 연대하고 사회적인 큰 투쟁을 만들어내자는 취지로 3박 4일간의 전국순회 공투버스를 가동시켰다. 울산과학대, 현대중공업 사내하청, 부산의 생탁과 택시, 만덕지구재개발반대, 창원의 한국지엠 비정규직, 삼성테크원, 한국산연, 성주의 EMG전선, 영동의 유성기업, 아산의 갑을오토텍, 청주의 시립노인전문병원, 서울의 티브로드 등, 이 땅의 투쟁하는 노동자들을 찾아나섰다. 하나같이 노조탄압과 해고에 맞서 고군분투하고 있는 노동자이고 이 땅의 민중이다. 그들의 투쟁을 직접 눈으로 보고, 듣고, 공감하는 시간이었다.

전국순회를 시작할 때 유성기업 한광호 열사의 자결 소식이 들려왔다. 자본의 악랄한 노조탄압이 인간의 존엄을 어떻게 파괴하는지, 노동자가 어떻게 생명을 위협당하는지, 뼈저리게 느꼈다. "세상을 바꾸자"는 공동투쟁은 더욱 절실하다.

서울에서 "김씨, 장씨"를 찾은 이유

생계를 책임지지 못하는 노동조합의 상태는 힘겹다. 하루하루가 위태롭지만 버티고 견뎌내야 한다. 한 달에 한 번이라도 서울 정부청사 앞에서 투쟁집회를 하기로 했다. '정리해고 철폐! 비정규직 철폐! 민주노조 사수! 노동탄압 민생파탄 박근혜 정권 퇴진을 위한 공동투쟁'이었다.

정부청사 앞 집회도 녹록지 않았다. 다행히 여러 사업장의 노동자들이 모여 한 무리를 이루고 투쟁대오를 유지할 수 있었다. 훨씬 더 많은 수의 경찰들이 투쟁하는 노동자들의 발목을 묶어두려고 한다. 매번 벌어지는 실랑이 속에서 싸움을 해야 할 이유는 하나 둘 늘어가기 시작했다. 공동투쟁하면서 공동의 거점을 만들고 투쟁본부가 되어야 한다는 문제의식은 있었지만 좀처럼 용기를 내기가 쉽지 않았다. 한번 시작하면 끝을 봐야 하는데 지켜낼 만한 주체의 역량이 없는 것도 현실이었다.

그러던 어느 날 아사히 비정규직지회가 구미공단 아사히글라스 공장을 벗어나 서울 상경투쟁을 하기로 결정한다. 큰 판에서 함께 투쟁하기로 결심을 한 것이다. 그동안 금속노조 사업장의 노동조합을 파괴하는 데 앞장섰던 김앤장을 타격할 필요성도 있었다. 아사히글라스 자본의 대리인 역할을 담당하며, 자본가를 대신해 노조파괴를 전문으로 하고 있는 김앤장의 행태를 세상에 알리는 것이 필요했다.

첫술에 배부를 수는 없었다. 시도하는 것이 중요했다. 김앤장 건물 앞에서 '노조파괴 시나리오로 노동자를 탄압하는 김앤장 규탄 문화제'도 하고, 정부청사 앞에 공동투쟁의 거점으로서 천막농성장을 설치하기 위한 시도도 했다. 아사히 비정규직지회

뿐 아니라 공동투쟁 단위들이 모두 합심해서 천막농성을 설치하려 했지만 수십 배나 되는 경찰의 무력진압을 당해낼 수는 없었다. 천막은 부서지고 찢어지고 말았다. 두 번의 시도 모두 실패했다.

그리고 박근혜-최순실 게이트가 터졌다. 박근혜정권의 퇴진 요구가 봇물처럼 터져나오기 시작했다. 정세는 급작스럽게 변화하기 시작했다. 투쟁사업장 공동투쟁은 정부청사 앞에서 시국농성을 하기로 결정하고 실행에 옮겼다.

"세상을 바꾸자"는 공동투쟁

처음엔 비닐 몇 장만 깔고 정부청사 앞에서 노숙을 시작했다. 비가 내려 비닐로 가리려고 하자 경찰들이 달려들어 비가림막 비닐을 뺏으려고 했다. 또 실랑이가 벌어졌다. 늦가을밤의 날씨는 제법 쌀쌀해졌는데 비까지 맞아가며 노숙을 할 수는 없다. 인정머리 없는 경찰에 맞서 악착같이 싸워 지킨 비닐 한 장을 지붕 삼아서 2016년 11월 1일 '투쟁사업장 공동투쟁'의 시국농성을 시작하였다.

시국농성 초기, 영하 8도의 첫 한파가 들이닥친 날에는 "박근혜정권 퇴진"이라 쓰인 몸조끼를 입고 청와대를 향하는 것만으로도 불법집회라며 경찰의 협박을 받고 연행되는 시련을 겪기도 했다. 하지만 공동투쟁 시국농성에 함께하는 노동자들은 하나같이 입을 모아 말한다.

"박근혜정권을 퇴진시키는 것이 싸움의 끝은 아니다. 박근혜를 퇴진시키는 큰 투쟁을 우리가 함께 해낼 때 그 다음 투쟁으로 갈 수 있을 것이다. 우리가 공동투쟁을 잘 해낼 때, 결국 우리 문제를 해결하는 것이라고 생각한다. 지금 공장 앞으로 돌아가게 되면 더 외롭고 더 작아질 것이다. 개별 사업장의 조합원 수는 적다. 하지만 서울 정부청사 앞 시국농성장에는 개별사업장의 조합원들이 함께 모여 한 무리를 이루고 있다. 무엇보다 우리는 한 사업장의 현안 해결이 아니라 노동자 전체의 문제를 걸고 싸우고 있다. 정리해고 철폐, 비정규직 철폐, 노동3권 완전 보장. 이것은 쉽게 해결될 사안이 아니지만, 노동자들의 가장 아프고 중요한 문제이다. 우리가 이 요구를 걸고 함께 싸워 사회적인 문제를 해결할 때만이 쫓겨난 공장으로 돌아갈 희망도 가질 수 있다고 생각한다."*

'투쟁사업장 공동투쟁'이 개별노조와 조합원에게 실물화된 성과를 주지 못하는 것은 분명하다. 당연히 노동조합들은 자신의 문제 해결이 급선무일 수밖에 없고, 그 해결을 위해 연대를 조직하고 장기간 싸움을 해간다.

사회구조적인 문제의식으로부터 시작한 '투쟁사업장 공동투쟁'은 노동조합 투쟁으로 사회 변화를 이끌어내겠다는 전망을

---

* 동양시멘트 지부의 이재형 씨와 아사히 비정규직지회 오수일 씨의 인터뷰 갈무리.

가지고 출발했다. 기존의 틀을 깨고 새로운 구조를 만들겠다는 의미다. 사회를 변화시키는 투쟁 속에서 개별 사업장의 문제를 해결해 간다는 투쟁의 기조는 급변하는 정세를 뚫고 나가는 투쟁을 가능케 했다.

'투쟁사업장 공동투쟁'은 박근혜정권으로 대표되는, 총자본의 이해를 대변하고 집행하는 국가를 상대로 정치투쟁을 시도했다는 점에서도 주목해야 한다. 노동자 민중의 탄압이 개별 자본의 이해 속에서 전개되는 것이 아니라 국가로 상징되는 총자본의 이해 속에서 집행된다는 것을 사회적으로 폭로하고 전선을 만들어야 하는 중요성을 '공동투쟁'을 실천함으로써 알려낸 것이다. 이렇게 '공동투쟁'은 중요한 정세에 큰 투쟁을 할 수 있었던 원동력이 되었다.

"노동자는 하나다", 구호가 아닌 현실로

지금까지 민주노조 운동은 역사상 수많은 공동투쟁의 경험을 축적하며 "노동자는 하나다"라는 말을 실천하기 위해 노력해 왔다. 하지만 산별노조나 민주노총이 자신이 해야 할 투쟁의 임무를 다해 왔다고 할 수 있을까? "금속노조는 말뿐이고, 민주노총은 힘이 없다." 어느 조합원의 한 줄 평가다. 현실운동에서 민주노총은 자신의 역할을 축소해 왔다.

지금의 '공동투쟁'은 누구보다 노동자 자신이 투쟁을 구상하고 기획한 투쟁이다. 노동자가 실행의 주체로 섰다. 무엇보다 전체 노동자의 이해를 대변하는 역할을 해 왔다. 1톤 트럭에 15톤짜리 짐을 지고 달려왔다고 할 만큼, 자신이 할 수 있는 이상의 역할을 자청한 것이다. '투쟁사업장 공동투쟁'은 더 이상 부르주아 민주주의 의회에서 거수기로 전락한 삶을 살지 않기로 한다. 노동자 정치를 현실로 실현해 내는 투쟁을 실천하겠다고 다짐하고 있다. 이 사회에서 시급한 과제로서 "정리해고 철폐! 비정규직 철폐! 노동3권 완전 보장"이라는 사회적·정치적인 요구를 걸고 정면돌파하는 싸움을 만들어가려고 한다.

이렇듯 지금까지의 '투쟁사업장 공동투쟁'은 어느 정도의 성과를 내기도 하였다. 하지만 장기투쟁사업장의 공동투쟁을 넘어 전체 노동자의 공동투쟁이 절실하다. 노동운동의 역사에서 많은 선배 노동자들은 "노동자는 하나다"라는 구호를 투쟁의 현장에서 실천해 왔다. 자본주의는 자본에 의한 노동자 갈라치기의 역사였다. 인종 차별(현재는 이주노동)에서부터 여성 노동자에 대한 차별, 청소년 노동자에 대한 차별, 원청과 하청 노동자 차별, 정규직과 비정규직 차별 등 수많은 차별로 노동자를 분열시켜 통치하고 있다.

노동자는 분열된 채 사분오열하고 있다. "노동자는 하나다"라는 말은 이제 구호로도 사용하지 않는 것이 현실이다. 왜 자본은 노동자를 갈라치기 하는 걸까? 자본에 의한 노동착취를 더 쉽게 하기 위해서다. 물론 그것이 전부는 아니다. 자본에 의

한 생산수단의 사적소유를 철폐하고 새로운 사회를 건설할 가장 강력하고 유일한 계급이 노동자계급이기에 자본은 두려워하는 것이다. 자본은 이런 사실을 너무도 잘 알고 있다. 하지만 정작 노동자들은 자신의 위대한 힘을 깨닫지 못하기도 한다. 노동자가 단결할 때, 공동투쟁을 통해서 성장하며 스스로의 힘을 깨달을 때 새로운 사회를 건설할 수 있을 것이다.

다시 한번 강조하지만 "정리해고 철폐! 비정규직 철폐! 노동 3권 완전 보장"은 투쟁사업장 노동자들은 물론이고, 노동자 전체가 공동투쟁을 할 때만이 가능하다. "노동자는 하나다!"라는 구호가 현실이 되는, 새로운 역사를 보고 싶다.

에필로그

첫경험이란 말에 우리는 빵 터졌다. 특별한 상상을 한 것도 아닌데 웃음이 났다. 대공장 정규직으로 일했던 세 명을 빼고 나면 모두 노동조합은 첫경험이다. 첫경험은 설렌다.

노동조합을 만들고 투쟁을 시작한 지 2년을 바라보고 있다. 짧다면 짧고, 길다면 긴 시간 동안 적지 않은 일들을 겪으면서 하고 싶은 이야기가 생겼다. 우리가 어떻게 싸우고 있는지, 우리의 슬픔과 기쁨을 이야기하고 싶어졌다.

후회 없는 싸움을 하고 싶지만 생계비가 절실한 조합원들을 보며 가슴이 무너질 때가 많았다. 혹시 책을 만들어서 팔면 생계비를 만들 수 있을까? 막연한 기대도 해 봤다. 하지만, 돈 버는 책 말고 우리의 진솔한 이야기를 담은 책을 만들자고 마음을 다독였다. '그래, 우리 하고 싶은 이야기 있잖아.' 그 이야기, 책으로 만들어 보자고 시작했다. 아사히 비정규직지회 조합원 모두가 함께 만들어서 좋은 책 말이다.

책을 만들자고 말해 놓고는 금방 후회가 밀려왔다. 조합원들이 과연 글을 직접 쓸 수 있을까? 의구심이 찾아왔다. 누군가 대신 써 줘야 하는 것 아닌가? 걱정도 앞섰다. 그러나 시도해 보지 않고는 알 수가 없는 일이었다. 다행히 고민을 함께 풀어갈 동지들이 생겼다. 무모한 책 만들기에 선뜻 "그래, 같이 해" 하며 도와주겠다는 사람들이 구미로 내려왔다. 그런 이들과 함께 '별별책' 편집팀을 꾸렸다.

조합원들과 책을 만들자는 이야기를 나누고, 글을 써야 한다고 했더니 모두 쓰겠다고 했다. 이상했다. 글을 써보겠다는 용기는 대단하지만 생전 글 한 번 써본 적 없는 이가 글을 쓴다는 건 쉬운 일이 아닐 텐데 말이다. 아마도 인터뷰하기가 더 귀찮았을지도 모를 일이었다.

'쓰기로 해 놓고 빵구 내면 어떻게 하지?' 하지만 기우였다. 모두가 1차 원고마감일에 딱 맞춰서 글을 썼다. 잘 썼든 못 썼든 아사히 비정규직지회 조합원들은 모범생들이다. 칭찬을 한 바가지 해도 아깝지 않다.

그러나 조합원들의 초고에 심장이 덜컥 내려앉았다. 어설픈 문장과 줄거리에, 눈길을 확 끄는 재미난 소재도 부족했고 밋밋한 느낌이었다. '이를 어째?' 숙제를 또 낼 수도 없었다.

그런데 조합원들도 글을 쓰고 보니, 하고 싶은 이야기가 자꾸 머릿속에서 맴돌더란다. 더 쓰고 싶고, 부족하단 생각이 들더란다. 고치기로 했다. 자신의 글을 직접 수정해 보기로 했다. 분량과 상관없이 쓰고 싶은 이야기를 더 많이 써보기로 했다. 그러고 나서 글을 손질해 보자고 했다.

일주일 후에 조합원들의 글은 달라졌다. 이전의 글과는 비교할 수 없을 만큼 내용이 풍부해져서 돌아왔다. 썼다 지우고, 하얀 종이 앞에서 꾸벅꾸벅 졸면서 쓴 글에는 고민의 흔적이 묻어났다. 스물두 명의 조합원 중 한 사람이 생계 활동으로 참여하지 못한 아쉬움은 있지만, 조합원 스물한 명이 스물세 편의 글을 완성시켰다.

첫경험이다. 책을 만드는 첫경험이다. 우리 모두에게 짜릿한 경험이 될 거다. 그가 쓴 글에는 그의 마음이 드러난다. 매 순간 어떤 고민을 했고 어떤 판단을 해 왔는지, 그가 어떤 마음가짐으로 지금까지 버텨내고 있는지 잘 보여준다. 말은 공중으로 흩어지지만 그가 쓴 글은, 자신의 감정을 풍부하게 표현하지 못해 쩔쩔매면서도 볼펜을 종이에서 떼지 못하고 있는 또 다른 그를 보여준다. 볼펜을 손에 꼭 쥔 그의 고뇌가 살짝 엿보인다.

등불 하나 보태고 싶은 마음으로 함께하는 사람들이다. 바람에 흔들려도 꿋꿋이 불을 밝혀 세상에 작은 빛이 되려는 사람들. 그 옆에 작은 빛 하나 보태는 심정으로 그들의 이야기를 책으로 만들었다. 그리고 먼 훗날에 후회 없이 싸웠노라고 함께 이야기하고 싶다. 우리가 함께한 첫경험도 먼 훗날에 그때 그 시절 우리가 함께 웃고 울었던 이야기로 쓰여져 있길 바랄 뿐이다.

책을 함께 만든 편집팀 '별별책'

2015. 5. 29. '아사히 사내하청노동조합' 설립.

구미공단 4차 단지에 위치한 아사히글라스 사내하청

GTS 직원 138명 노동조합 가입.

2015. 6. 15. 노사교섭 시작.

2015. 6. 30. 아사히글라스 공장 전기공사으로 하루 휴무 실시,

170명 문자 해고 통보.

2015. 7. 1. 아사히글라스 공장 정문 용역깡패 100명 배치.

2015. 7. 1. 노동조합 천막농성 시작.

2015. 7. 3. 희망퇴직 시행.

2015. 7. 29. 정리해고 통보.

부당노동행위와 불법파견 고소.

OECD 다국적기업 가이드라인 위반으로 진정.

공정거래위원회 제소.

아사히글라스 대량해고 사태 해결을 위한 3만 4천 명

구미 시민 서명운동.

2015. 9. 5. 아사히 사내하청노동자 투쟁 연대한마당.

2015. 9. 10. 아사히글라스 산업통상자원위원회 국정감사.

2015. 10. 1. 아사히글라스 환경노동위원회 국정감사.

2015. 10. 5. 구미시청 앞 천막농성.

2015. 10. 23. (가칭)'정리해고 철폐! 비정규직 철폐! 민주노조 사수! 노동탄압 민생파탄 박근혜정권 퇴진을 위한 공동투쟁' 선포 기자회견.

2015. 11. 3. '투쟁사업장 공동투쟁' 제안으로 본격 가동.

2015. 11. 16. 금속노조 가입 승인 결정. '금속노조 아사히 비정규직지회'로 명칭 변경.

2015. 3. 23. '투쟁사업장 공동투쟁' 전국 투쟁사업장 순회(3박 4일).

2016. 3. 25. 중앙노동위원회 아사히글라스의 부당노동행위 판정.

2016. 4. 21. 천막농성장 행정대집행.

2016. 4. 22. 구미시청 강제철거 항의투쟁.

2016. 6. 구미경찰서, 노동조합에 시청 앞 집회금지 통보.

2016. 6. 집회금지통고처분 취소 소송, 노동조합 승소함.

2016. 9. OECD 다국적기업 가이드라인 위반에 대한 중재위원회 구성.

2016. 10. 6. 아사히글라스 환경노동위원회 국정감사.

2016. 10. 17. 서울 상경 김앤장 타격투쟁.

2016. 11. 1. '투쟁사업장 공동투쟁', '박근혜정권 퇴진을 위한 시국농성' 돌입.

2016. 11. 14. 박정희 탄신제 때 박사모의 폭행 사건 발생. 조합원 3명 폭행당함.

2017. 3. 20. '투쟁사업장 공동투쟁', 4박 5일 전국순회.

2017. 4. 14. '투쟁사업장 공동투쟁', 서울 광화문 광고탑 "정리해고 철폐! 비정규직 철폐! 노동3권 쟁취!" 고공농성 돌입.

아사히 비정규직지회 조합원 소개

김성한

/ 1978년 김천에서 1남 2녀 중 막내로 태어났다. 건축업을 하시는 아버지는 엄격했고, 누나들은 다정했다. 우리 남매는 아버지 덕분에 예의 바르고 심지가 굳게 성장했다. 남매간에 우애도 깊다.

나는 어느덧 두 아이의 아빠가 되었다. 조금 내성적이지만 정이 많고 긍정적인 성격이다. 사람들에게 밝은 면만 보여주려는 욕심 때문에 힘든 일을 혼자 해결하려고 한다. 그래서 가끔 자신을 힘들게 하곤 한다. 지칠 때 더 나은 생각을 할 수 있는 여유가 필요하다. 신중해지려고 노력하고 있다.

김정태

/ 나이는 38세로 경북 구미에서 태어났다. 부모님은 모자람 없이 대해 주셨고, 친구들과도 잘 어울렸다. 평범한 유년시절을 보내고, 구미에서 초·중·고등학교를 나왔다. 대구보건대 소방안전관리학과 졸업 후 영남대 기계과에 편입했지만 적성에 맞지 않아 학업을 중단했다. 그리고 LG전자 환경지원팀 방재센터에 취업을 했다. 주야 2교대 근무를 3년간 했다.

아사히글라스 하청업체 GTS로 입사해서 5년간 일했다. 공장 사람들과 노동조합을 만들었다. 노동조합 만든 지 한 달 만에 문자로 해고를 당했다. 현재까지 아사히글라스 원청을 상대로 원직복직을 향해 투쟁하고 있다.

조리담당

짬장

1999년에 아내를 만나 2년여 연애 끝에 결혼에 골인했다. 아들도 낳아서 어느 가정 부럽지 않았다. 섬유회사에서 10년 정도 근무하던 중 회사 사정이 점점 나빠졌다. 요식업 쪽에 관심이 있던 터라 내 가게를 하고 싶은 마음에 식당에 일하러 들어갔다. 3년 가까이 식당일을 하고는 아내와 작은 가게를 얻었다. 작은 음식점 사장이 되었다. 내 생각처럼 잘 되지는 않았다. 직장생활보다 몸은 덜 힘들어도 정신적인 스트레스가 컸다. 아내와 둘이서 5년 동안 마음고생을 제법 했던 것 같다. 가게를 그만두고 직장생활을 시작하려니 나이가 차서 일자리가 마땅치 않았다. 배달업, 건설업 등 닥치는 대로 일했다.

그러다 아사히글라스 하청업체에 취업했다. 회사는 아사히글라스인데, 그 안에서 일하는 직원들은 정규직과 비정규직이 함께 일하는 것이었다. 이런 걸 아웃소싱이라고 그러던데 생소했다. 40대 초반에 얻은 일자리라서, 회사에 대한 불만도 많았지만 나름 열심히 일했다. 입사 3년쯤 될 무렵 노동조합에 가입하게 되었다. 한 달 뒤에 문자 한 통으로 해고를 당했다.

부당한 해고에 맞서 길거리에 천막을 치고 2년 가까이 싸우고 있다. 조합원들의 식사를 책임지는 조리담당이다. 기약 없는 싸움으로 하루하루 살아가고 있다.

남기웅

1983년, 벚꽃 피는 봄날인 4월에 진주에서 태어났다. 아버지는 건설노동자이고 어머니는 공장노동자이다. 장남인 나는 어렸을 때부터 할아버지 농사일을 도우며 학창시절을 보냈다.

돈을 벌기 위해 창원 공업단지로 혼자 이사했다. 창원 공장생활은 대부분 비정규직 노동자로 살았다. 내가 부족해서 비정규직으로 힘들게 사는 것을 당연하게 여겼다. 언제 잘릴지, 언제 버려질지 모르는 불안감에 하루하루 시간을 보내는 삶을 반복했다. 그런 삶이 익숙해질 즈음 창원 경기가 안 좋아졌다. 구미로 이사했지만 일자리는 모두 비정규직 일자리만 있었다. 혹시나 입사를 해 보면 다 똑같다는 생각이 들었다. 이 땅에서 노동자로 살아가는 것이 얼마나 힘든지를 다시 한번 느꼈다.

또 그런 삶이 익숙해질 즈음 노동조합이 만들어진다는 소식을 들었다. 노동조합에 가입했다. 그리고 한 달 만에 문자 한 통으로 해고를 당했다. 투쟁을 시작했다. 투쟁하면서 복직 외의 목표가 생겼다. 노동자가 존중받는 세상을 만들고 싶어졌다. 그러기 위해서 포기하지 않고 끝까지 투쟁해야겠다.

민동기

1982년 경북 구미에서 태어났다. 초등학교 6학년 때부터 부모님과 떨어져 살았다. 굴곡이 많은 성장기를 겪었다. "지금 이 순간이 행복"이라는 마음가짐으로 힘들고 지치더라도 순간순간 이겨냈다.

S사에 입사하였지만 꽉 막힌 틀이 맞지 않아 중도포기했다. 어렸을 때부터

꼼꼼한 작업, 손과 머리로 하는 일들을 좋아했기에 건설업종(기중기)에 뛰어들었다. 육체적으로 힘들고 지쳤지만 매일 즐겁고 행복했다. 가끔은 투박하고 욱하는 성격으로 동료들과 마찰이 있기도 했지만 뒤끝 없는 성격이라 금방 웃으며 지낼 수 있었다. 그러던 중 본의 아니게 사고가 생겼다. 하던 일을 접고 회사생활을 하게 되었다. 아사히글라스 하청업체였다.

건설업 때 노동조합을 알았지만 별 관심이 없었다. 아사히 비정규직지회 노동조합 활동을 하면서 혼자가 아닌 주위를 둘러보게 되었다. 사회가 잘못 돌아간다는 것도 알게 되었다. 모두가 웃을 때 느낄 수 있는 감정이 진정한 행복이라 생각하고, 그 웃음을 자식들에게도 전하기 위해 끝까지 싸울 것이다.

박성철

1972년 대구에서 태어나고 자랐다. 고등학교를 졸업한 뒤 군대 가기 전 성서공단 주물공장에서 몇 달 일했다. 구미 코오롱 공장에서도 일했다. 1992년 군에 입대해서 육군병장 제대했다.

1995년, 지금은 사라졌지만 동국무역방직 2공장에 입사해 2004년까지 다녔다. 공장이 폐업하는 바람에 퇴사할 수밖에 없었다. 그 후 2년가량 LG마이크론 2공장에서 일했다.

2007년 7월에 아사히글라스 하청업체에 입사했다. 현장에서 열심히 일하다 문자 한 통으로 해고 통지를 받았다. 화나고 억울해서 지금까지 투쟁하고 있다.

박세정

산세 좋고 물 맑은 금오산이 한눈에 보이는 구미에서 태어났다. 고 등학교 졸업하고 빨리 취업해 돈을 벌고 싶었다. 1995년 한국합섬 정규직으로 입사했다. 처음 공장에 들어갔을 때 현장은 덥고 힘들었다. 시간이 지나니 익숙해졌다. 열심히 일하면서 취미인 낚시와 사냥도 할 수 있었다. 월급도 괜찮은 편이라 저축도 했다. 나의 반쪽은 서울 여자다. 예쁘고 깜찍한 그녀를 만나 결혼도 하고 예쁜 아기도 낳았다. 예쁜 집도 장만해서 행복하게 살았다. 지금은 아이들이 고등학교 3학년과 1학년이 되었다.

직장생활 13년 만에 그만두고 장사를 했다. 잘 안 되었다. 다시 직장을 찾아봤지만 비정규직 일자리였다. 많이 힘들고 월급 차이도 많이 났다. 경기가 어려워 좋은 회사를 다니기가 힘들었다. 기껏해 봐야 일 년, 이 년 다니다가 그만둬야 했다.

2013년에 아사히글라스 하청업체에 입사했다. 처음 들어가서 일을 해보니 유리제품을 만져야 하기 때문에 힘들고 위험했다. 그래도 큰 기업이어서 오래 다닐 수 있을 것 같아 꾹 참고 계속 다녔다. 2년 정도 다니다가 노동조합을 만든다는 소식을 듣고 가입했다. 그리고 한 달 후 문자로 해고 통지를 받았다. 너무 열받고 억울해서 투쟁해야겠다고 다짐했다.

다시 예전처럼 돌아가고 싶다. 인간다운 삶을 살면서 행복하고 싶다. 열심히 투쟁하면 가능할 것 같다. 동지를 믿고 나를 믿고 더 열심히 투쟁할 거다. 끝까지 부끄럽지 않은 아빠의 모습으로 남고 싶다. 웃으면서 현장에서 같이 일할 수 있는 그날을 위해서 화이팅!!

송동주

창원에서 학창시절을 보냈다. 지인의 소개로 경북 구미의 중소기업에 입사했다. 4년 동안 주야 2교대 근무를 하면서 몸이 망가졌다. 뒤돌아보면 왜 그렇게 힘들게 일했나 싶을 정도로 쉬지 않고 일했다. 그 후 여러 회사를 다녔지만 회사가 부도나거나 아웃소싱 외엔 일자리를 구하기가 어려웠다.

2013년 아사히글라스 하청업체에 입사했을 때도 이곳에서 계속 일할 거란 생각은 하지 않았다. 2015년 노동조합을 설립했을 때, 더 이상 안정적인 일자리는 구하기 어렵다는 걸 알기에 좋은 일자리를 내가 만들어보고 싶었다. 노동조합에서 문체부장을 맡게 되었다. 내성적이고 낯가림이 심했던 나에게 여간 곤혹스러운 게 아니었다. 2년이 흘렀다. 이 투쟁이 승리해서 과거의 나보다 더 나은 나로, 떳떳한 사람으로 성장하고 싶다.

안진석

2남 중 장남이다. 아버지는 공무원이었다. 아버지는 공부 못하면 낙오자로 힘들게 살 수밖에 없다고 늘 말씀하셨다. 하지만 공부가 안 돼서 졸업 후 정신적으로 힘들게 지냈다. 건강상의 이유로 군복무도 단기사병(방위)으로 했다. 군복무 중 나보다 학력이 좋은데도 업무능력이 부족한 동료를 보고 나를 대하는 아버지의 평가가 맞지 않을 수도 있겠다는 생각을 하게 되었다. 내 삶의 전환점이 되었다. 군복무를 마치고 삶의 의미를 찾기 위해 정서적 안정이 필요했다. 운이 좋았는지 영화, 음악, 고전철학 등에서 정서적 안정을 찾게 되었다.

나는 행복하고 싶다. 나는 인정받고 싶었지만 노력이 부족하고 열정이 부족했다. 실패에 익숙했고 교훈을 얻지 못했다. 지금은 행복을 찾는 데 최선을 다하고 있다. 진정한 행복이 무엇인지 고민하고 공부하고 있다. 듣는 이가 힘들까 봐 평범하게 포장하는 건 더 큰 상처로 돌아오기 때문에 솔직하게 이야기하는 것이 편하다.

오수일

나이는 마흔여섯이다. 1972년 부산 가야동에서 태어났다. 어린시절을 산에서 뛰어놀며 탐험을 한답시고 이 산 저 산을 휘젓고 다니곤 했다. 어렸을 때부터 활동하는 것을 좋아했다. 초등학교 3학년부터 운동부 활동을 하면서 소년기를 보냈다.

평범한 청소년기를 보내고 첫 직장은 외삼촌이 경영하는 작은 섬유공장이었다. 2년 정도 근무했다. 직장을 옮기고 지금의 아내를 만났다. 직장생활은 길게 하지 못했다. 조그마한 가게를 열어 장사를 시작했다. 연년생 두 아들이 태어났다. 장사는 나름 잘됐지만 아내가 너무 힘들어 해서 다시 직장생활을 하기로 했다. 지인의 소개로 불임병원에서 근무하던 중 구미에서 작은형이 도움을 요청했다. 형은 함께 사업하기를 제안했고, 구미와의 인연은 이렇게 시작됐다. 그 사업은 결국 실패했고, 또 다른 사업까지 세 번의 도전은 모두 실패로 돌아갔다. 마지막으로 나 혼자 사업을 시작했다. 이것 또한 실패했다. 그동안의 실패를 딛고 새 출발을 위해 아사히글라스 하청업체에 입사했다. 구미에서 좋았던 기억은 아직 없었던 것 같다.

이명재

어린시절을 부산에서 보냈다. 직장생활도 부산에서 시작했다. 학교에서 한 번도 받지 못했던 상을 직장에서 받았다. 열심히만 하면 잘사는 줄 알았다. 열심히 살았다. 그러나 아무리 성실히 일해도 회사는 한 번의 실수를 용납하지 않고 부당하게 일을 시켰다. 부당하다고 이야기해서 해고당한 적도 있었다. 혼자는 힘이 없었다. 더럽고 열받아도 받아들일 수밖에 없었다. 사회는 열심히 한다고 되는 것이 아니라 윗사람의 눈에 잘 보이고 빽 있는 사람이 우선이었다.

아사히글라스 하청업체에 들어오면서 누구나 인간답게 살기 위해서 노동자가 하나로 뭉쳐야 한다고 믿게 되었다. 노동자의 권리를 찾기 위해서 투쟁!

이민우

1974년 1남 2녀 중 막내로 대구에서 태어났다. 갓난아기 때 칠곡군 북삼으로 이사 가서 대구의 기억은 없다. 경북 칠곡군 북삼이 내가 유년시절을 보낸 곳이다. 1988년도 겨울에 아버지가 돌아가시면서 구미 황상동으로 이사왔다. 군대를 다녀오자마자 혼자 자취를 시작했다. 아버지가 안 계신 가족들은 생활고에 시달리면서 가족 관계도 좋지 않았고, 그때부터 나는 홀로서기를 시작했다. 여기저기 전자회사, 부품회사 등을 다니며 힘든 시절을 지냈다. 5년 뒤 어머니마저 돌아가시며 정신적으로 힘든 삶을 살아왔다. 그래서 나에게 가족이란 '무엇이다'라고 말할 수 없는 단어다. 어려서부터 혼자 생활하는 것에 익숙하다 보니 지금도 단체생활은 적응이 힘든 편이다.

그 후 어렵게 번 돈으로 옷가게를 시작했다. 동업이긴 했지만 웬만큼 벌이가 되었다. 하지만 그것도 잠시, IMF가 불어닥치면서 동업하던 친구와의 다툼으로 가게를 접게 되었다. 다시 직장생활을 시작했다. 아사히글라스이다. 그곳에서 일방적인 문자 한 통으로 해고 통지를 받았다. 지금은 노동자의 권리와 비정규직 철폐를 외치며 싸우고 있다.

이영민

제주도에서 밤에만 근무하는 야간 해안경계 근무로 군생활을 했다. 소집해제 후 전기통신 공사업체에 취직했다. 첫 직장이었다. 4~5년 정도 일하다가 큰 아픔이 생겼다. 그해 여름은 참 길고 무더웠다. 제주도 서귀포 쪽의 가로등과 마라도까지 가서 가로등 공사를 하던 어느 날, 전주에 올랐다가 땅으로 추락하는 사고가 났다. 두 달 동안 병원 신세를 지고 나서, 전주는 다시 올라갈 수 없었다.

스물여덟 살에 육지로 나왔다. 처음 들어간 공장이 삼성코닝 하청업체였다. TV브라운관을 생산하는 업체였다. 검사하는 공정에서 일하다가 IMF를 맞아 정규직에서 분사되는 업체로 밀려 포장 공정으로 옮겼다. 그러고 나서 끝내 삼성에서 브라운관 사업을 접는 바람에 첫 해고를 당했다.

지인의 소개로 아사히글라스 하청업체에서 일한 지 6년 만에 노동조합이 만들어졌다. 그리고 한 달 만에 길 위에서 투쟁이 시작되었다.

임종섭

구미에서 태어나고 자랐다. 고등학교를 졸업한 뒤 정비공장에 1년간 다니다가 군복무를 하고, 오리온전기(주)에 입사했다. 내성적인 성격이라 남들 앞에서 말을 잘 못하는 편이다. 오리온전기에서 13년을 일했지만 폐업하는 바람에 나왔다. 몇 개월 후에 구미택시 회사에서 일 년 동안 운전했다. 그리고 아사히글라스 하청업체에 입사하였다.

장명주

강원도 철원에서 태어났다. 초등학교까지 다니고 아버지가 대구의 2군사령부에 입대하셔서 가족 모두가 대구로 내려왔다. 대구에서 중·고·대학교까지 다니고 군복무를 하였다. 제대하고 나오니까 대구는 경기가 좋지 않았다. 백화점 주차 알바와 식품관에서 알바를 했다.

2005년에 구미로 올라와서 첫 직장인 정밀파이프 절단하는 회사에 들어갔다. 2년 정도 일하다가 회사 사정이 어려워서 나왔다. 그 다음으로 취업한 곳은 휴대폰업체였다. 회사 사정이 좋지 않아 2년 정도 다녔다. 그리고 아사히글라스 하청업체로 입사했다.

3년간 일했다. 노동조합 만들고 한 달 만에 문자 한 통으로 해고되어서 노동조합 투쟁을 경험하게 되었다. 처음에는 걱정도 했다. 지금은 억울한 해고가 다시는 일어나지 않았음 좋겠다. 남은 동지들과 끝까지 가보려고 한다.

전영주

경북 구미에서 태어났다. 어릴 적부터 자동차에 관심이 많았다. 엔지니어나 자동차 유지보수 쪽으로 직업을 꿈꿔 왔지만 이루진 못했다. 돌이켜 보면 지식과 기술을 연마하지 않고 단순한 흥미에 그친 것 같다. 부족하지만 이곳 아사히 비정규직지회 차량관리를 담당하고 있다.

2003년부터 레이저프린터 토너카트리지 제조업체에서 근무했다. 카트리지에 들어가는 토너의 유형은 인체에 해로운 유해물질인데, 유해물질 취급과 강압적인 잔업이 싫어 퇴사하였다. 2005년 LG디스플레이 협력업체 직원으로 근무하다, 2006년 초부터 울산의 선박제조업체에서 일했다. 급여가 높긴 했으나 열악한 현장 환경에 몸을 사리지 않고 불규칙한 생활을 하니 건강에 적신호가 왔다. 결국 퇴사하고 회복 후 현대자동차 부품협력업체 상하차 직으로 재기하였으나 적은 급여로 미래가 불투명했다. 2년 반의 객지 생활은 인생수업만 톡톡히 한 채 구미로 돌아오게 되어 씁쓸함만 남겼다. 다시 몸과 마음을 바로잡아 2008년 봄 입사한 업체가 아사히글라스 사내업체인 GTS였다.

조남달

저는 아사히 비정규직지회 조합원 조남달입니다. 고등학교 졸업 후 곧바로 대구에서 어머님이 잘 알고 있는 이발소에서 청소부터 하면서 머리 감기는 일, 면도하는 법, 드라이하는 법을 배우고, 마지막에 컷트를 배웠습니다. 이발면허증을 따고 공군에 이발병으로 입대도 했습니다. 22년간 이발을 하다가 회사생활을 하게 되었습니다. 지인의 소개로 아사히글라스에 들어와서 4년 6개월을 다니다가 하루아침에 문자 한 통으로 해고가 되었습니다. 승리하는 날까지 끝까지 투쟁할 것입니다. 투우쟁!

차헌호

경북 상주에서 농민의 아들로 태어났다. 스무 살 무렵에 취업을 위해서 구미공단으로 왔다. 1995년 한국합섬에 입사했다. 95년 한국합섬 총파업을 통해서 노동조합을 처음 경험했다. 금강화섬으로 이직했다. 결혼해서 딸 둘을 낳았다. 1999년 금강화섬에서도 노동조합이 만들어졌다. 2004년 금강화섬이 폐업했다. 565일간의 공장점거 폐업투쟁을 진행했다. 열사 정국이 있었던 2003년 전국노동자대회에서 구속되었다. 금강화섬 투쟁으로 2005년에도 구속되었다. 감옥에서 나와서 비정규직 활동을 결심했다.

2009년 아사히글라스에 입사했다. 2015년 5월 29일 아사히 비정규 노동조합을 설립했다.

최진석

유년시절 아버지는 다양한 경험을 통해 세상을 배울 수 있게 해주셨고, 자립적이고 책임감 있는 태도를 강조하셨습니다. 삶의 지식과 지혜는 스스로 쌓아가야 한다고 하시며 어렸을 때부터 집안의 대소사에 참여시키는 것은 물론이고, 아버지의 일터에서도 노동의 가치와 돈의 소중함을 배울 수 있도록 많은 경험을 쌓게 도와주셨습니다.

"사회에 쓸모 있고 존경받는 사람이 되어야 한다"고 강조하시고 평생 농사를 지으시며 삶에 최선을 다하신 아버지와 늘 사랑을 베푸는 어머니께 자랑스럽고 믿음직한 아들이 되기 위해 저는 하루하루 열심히 살아가고 있습니다.

한상기

저는 경북 상주에서 농민의 아들로 태어났습니다. 스물다섯 살 무렵 구미공단으로 취업을 하여 지금까지 살고 있는 구미가 제2의 고향 같습니다. 서른 살에 결혼하여 아들 둘, 딸 하나를 낳았습니다.

구미에서 협력업체만 다니다 보니, 3년에서 5년 정도 다니면 회사 사정이 나빠졌다고 폐업을 합니다. 그로 인해 많이 힘들게 지내다가 마지막으로 들어온 회사가 아사히글라스 하청업체였습니다. 여기도 3년 반 지나니 또 문자 한 통으로 잘렸습니다. 노동조합만이 살길인 것 같아 가입을 해서 지금은 회사와 싸우고 있는 중입니다. 지금은 힘이 들지만 나중에는 좋은 날이 올거라 생각합니다. 투쟁!

허상원

가부장적인 가정에서 2남 2녀 중 막내로 태어났습니다. 어릴 적 기억으로는 온 식구가 다 모여서 살았던 적은 없는 것 같네요. 형제들이 모두 다 일찍이 사회생활을 했던 걸로 기억이 나고요, 항상 집에는 저 혼자 있던 것이 기억납니다. 좁은 단칸방에서 부모님이랑 같이 생활하였고, 저 또한 학교를 일찍이 그만두고 사회생활을 하였습니다. 성격은 활발하지만 가끔씩 소심한 면도 있습니다.

지금은 결혼 22년차에 아내와 아들, 딸을 둔 40대 후반 가장입니다. 세상 살아가면서 힘든 경험도 많이 했지만 불평보다는 긍정적인 생각으로 살아가고 있습니다. 현재 걱정이 있다면 부모님 건강과 나의 투쟁이 풀리지 않아 걱정이고, 늘 묵묵히 내 곁에서 힘이 되어주는 가족들이 있어 좋습니다.

황태섭

1976년 경북 문경에서 태어나 2001년에 구미로 왔습니다. 첫 직장생활이 비정규직으로 시작해서인지 여러 대기업 하청으로만 다녔습니다. 회사가 문을 닫거나 정리해고 당하기를 반복했습니다. 2009년 아사히글라스 하청업체에 입사하여 6년여 동안 일하다 노동조합이 결성되자 가입하였습니다. 해고 당한 뒤 500여 일 동지들과 투쟁하다 생계가 어려워 2016년 12월부터 생계 활동 중입니다.

이 책에 제 글이 없는 것은, 현재 거리에서 투쟁하고 있는 동지들과 같이 못하는 미안함 때문에, 그리고 이 책은 힘들게 투쟁하고 있는 또 다른 사업장 동지들에게 힘을 주기 위한 책이라 생각하기 때문에 생계를 위해 나와 있는 저는 빠지는 게 낫다고 생각했습니다.

책을 함께 만든 사람들

신순영

십 년간 여러 시민사회단체에서 일했고, 2013년 여름부터 전국불안정노동 철폐연대에서 상임으로 일하고 있다. 투쟁하는 노동자와 함께한다는 것의 무 거움을 곱씹으며 자주 멈칫하지만, 나날이 일희일비하면서 중심 잡기에 애쓰 고 있다.

박현진

2002년부터 2007년까지 전국불안정노동철폐연대 교육부장으로, 현재 는 철폐연대 집행위원으로 활동하고 있다. 2016년부터는 대한불교 조계종 사회노동위원회 집행위원으로도 활동하고 있다.

안명희

인물과사상사 편집자였다. 출판사를 나와서는 출판노동자협의회를 만들 며 출판노동자운동에 매진했다. 지금도 여전히 편집자로서 책을 만들며, 전국 불안정노동철폐연대 집행위원으로 활동하고 있다.

초희

"데모하기 딱 좋은 나이"인 팔순 할매들과 삼평리송전탑공사 반대투쟁을 함께했다. 나이 마흔을 비관할 즈음에 할매들의 투쟁에 영감을 받아 앞으로 40년은 끄떡없이 데모하러 다닐 수 있다는 희망을 보았다. 앞으로 남은 40년을 데모도 하고, 기록도 남기자고 계획했다. 글 쓰는 즐거움을 누리는 중이다.

천용길

『뉴스민』기자 겸 편집장이며, 전국불안정노동철폐연대 회원이다. 노동자 투쟁은 물론, 대구·경북이 가진 특성에 관심이 많다. 대구·경북을 '수구꼴통'으로 이해하는 사람들도 있지만, 이곳에 더 나은 세상을 여는 열쇠가 있다고 믿는다.

이경호

1999년 공인노무사 시험에 합격한 후 노무법인 참터 창립에 함께했고, '노동인권 실현을 위한 노무사모임' 회원이다. 저녁이 있는 삶을 꿈꾸지만 늘상 일에 쫓기고 굼뜨다. 게으름만이라도 극복할 수 있다면 조금은 괜찮은 노무사라 회자될 수도 있겠으나, 금주만큼이나 힘겨운 일이다.

책을 함께 만든 단체

아사히 비정규직지회

구미 4공단에 위치한 아사히글라스는 연매출 1조 원을 자랑하는 외국인투자기업이다. 2005년 국내에 들어온 아사히글라스는 일제강점기 전쟁범죄기업이다. 아사히글라스의 하청노동자들은 주어진 점심시간 20분 만에 식사와 화장실, 담배 등을 해결해야 했다. 뿐만 아니라 징벌로 조끼를 입히는 반인권 노동현장이었다. 9년간 최저임금만을 지급하며, 물량에 따라 일상적으로 해고하는 사업장이었다.

2015년 5월 29일에 구미공단에 최초의 비정규직 노동조합이 출범했다. 바로 '금속노조 아사히 비정규직지회'이다. 노조를 만든 지 한 달 만에 문자를 받았다. 해고 통보였다. 물러설 수 없었다. 그날 바로 공장 앞에 천막농성장을 만들면서 투쟁은 시작되었다. 두 번의 희망퇴직 회유와 강제철거 협박으로 큰 시련을 겪었다. 현재 스물두 명의 노동자는 끝을 보겠다고 남아 투쟁하고 있다. 또한 전국의 투쟁사업장들과 "비정규직 철폐, 정리해고 철폐, 노동3권 쟁취"를 위한 공동투쟁을 하고 있다.

아사히 비정규직지회는 구미공단의 노동자들이 모두 노동조합에 가입할 때 더 큰 힘을 발휘할 수 있다는 신념으로, 노동조합이 없는 공장에서 매일 선전홍보 활동을 하고 있다. 아사히글라스 자본을 상대로 싸우는 방법이다. 이 땅의 모든 노동자에게 필요한 사회적 권리를 위해 싸울 때 자신의 문제도 풀린다고 믿으며 싸우고 있다.

전국불안정노동철폐연대

2002년 출범한 전국불안정노동철폐연대(약칭 '철폐연대')는 비정규직 노동자들의 투쟁에 함께하고, 비정규직 철폐 운동의 전략과 정책을 수립하기 위해 활동해 왔다. 특히 2011년부터는 비정규직 투쟁을 사회적으로 확장하고, 공단지역 불안정 노동자를 조직하기 위한 활동을 주요 사업으로 진행하고 있다. 그리고 일하는 모든 사람의 권리로서 '노동권'을 확장하기 위해서 활동하고 있다. 누구나 건강하고 안정된 일자리를 가질 권리가 있고, 행복하게 살 권리가 있다. 철폐연대는 권리를 빼앗고 노동과 삶을 불안정하게 만드는 모든 것에 맞서 싸울 것이며, 인간의 존엄과 권리를 지키기 위해 비정규직 노동자들과 함께 행동할 것이다. workright.jinbo.net

지역사회 노동자운동 지지모임

노동자운동이 흔들리거나 무너지지 않도록 노동자투쟁을 지지하는 활동을 한다. 2016년 6월에 꾸려졌다. 자신의 운동을 세워내고, 서로의 운동을 지탱하는 지지대가 되기 위해 만든 모임이다. 월례워크숍 및 세미나, 정세강연, 기록, 교육커리큘럼 개발, 연구 등 지역사회 노동자운동에 기여할 수 있는 소소한 과제들을 해 나가고 있다.

대구경북지역 민중언론「뉴스민」

2012년 5월 1일 창간한 인터넷신문이다. 대구경북지역에서 권력 감시는 물론, 노동자와 시민의 투쟁과 삶을 보도하는 민중언론이다. 정부기구와 대기업으로부터 광고를 받지 않고, 시민들의 자발적인 후원으로 운영하는 독립언론이다. 아사히 비정규직 노동자들이 투쟁을 시작한 시점부터 보도를 이어가고 있다. www.newsmin.co.kr

노무법인 참터

'노동자와 노동조합의 권리보호'라는 원칙으로 2000년 창립된 노무법인이다. 현재 서울 본사와 광주, 충청, 강원, 대구, 구미, 포항에 지사를 두고 있다.

들꽃 공단에 피다
세상을 바꾸는 투쟁, 아사히 비정규직지회 이야기

초판 1쇄 발행 • 2017년 5월 29일
초판 4쇄 발행 • 2021년 8월 30일

지은이 • 아사히 비정규직지회
펴낸이 • 오은지
편집 • 변홍철, 이호흔
사진에 도움 주신 분들 • 장영식, 엉겅퀴, 한겨레 박종식 기자, 뉴스민, 투쟁사업장 공동투쟁

펴낸곳 • 도서출판 한티재
등록 • 2010년 4월 12일 제2010-000010호
주소 • 42087 대구시 수성구 달구벌대로 492길 15
전화 • 053-743-8368   팩스 • 053-743-8367
전자우편 • hantibooks@gmail.com   한티재 온라인 책창고 • hantijae-bookstore.com

ⓒ 아사히 비정규직지회 2017
ISBN 978-89-97090-71-6 03300

• 이 도서의 국립중앙도서관 출판예정도서목록(CIP)은 서지정보유통지원시스템 홈페이지
  (http://seoji.nl.go.kr)와 국가자료공동목록시스템(http://www.nl.go.kr/kolisnet)에서
  이용하실 수 있습니다. (CIP제어번호: CIP2017011290)